www.tredition.de

AF185014

Die wichtigsten Menschen in meinem
Leben werden für immer meine Familie
und meine Freunde sein.
Das hier ist für euch.

Zur Person

Bruno Heter arbeitete lange als Sekundarlehrer an einer Oberstufe in der Schweiz und als Lastwagenfahrer in Europa. Heute unterrichtet er sprachbehinderte Jugendliche und führt sie in den oft schwierigen Arbeitsmarkt ein. Auf seinen zahlreichen Reisen durch die ganze Welt beobachtet er Menschen im Alltag und zeichnet Momente und Stimmungen in Worten auf. Daneben fotografiert er gerne, hat einen ausgesprochenen Hang zum Kitsch und liebt die Gesellschaft in Familie und mit Freunden.

BRUNO HETER

***

EINSEITIGE TEXTE

Momentaufnahmen des Lebens

www.tredition.de

Diese Texte beruhen auf Beobachtungen von Lebenssituationen. Jede Ähnlichkeit zu existierenden Personen ist entweder mit Bedacht verändert oder rein zufällig. In den Texten wird die Meinung des Autors wiedergegeben. Diese Meinung muss nicht mit der Meinung der Leserschaft übereinstimmen.

Erwähnungen von tatsächlich existierenden Orten und Plätzen dienen immer dem Textinhalt und in keinem Fall jegwelchen geschäftlichen Zielen.

© 2021 Bruno Heter
Umschlagfoto: © Bruno Heter, Lenzburg

Verlag und Druck:
tredition GmbH, Halenreie 40-44, 22359 Hamburg

ISBN
Paperback: 978-3-347-30624-0
Hardcover: 978-3-347-30625-7
e-Book: 978-3-347-30626-4

Inhaltsverzeichnis

Diese Seite ist eine Leerseite, damit das mit den Seiten wieder aufgeht und das Buch nicht seitenverkehrt daher kommt. Da jetzt aber diese Information hier auf der Leerseite steht, ist sie im Grunde genommen keine Leerseite mehr, sondern eine Leserseite.

Ich widme diese Leserseite demzufolge allen meinen Leserinnen und Lesern. Ihr seid grossartig, habt vielen Dank.

Vorwort

Was soll dieser Titel? Damit lässt sich doch kein Buch verkaufen! Der Titel ist System. Die meisten Texte sind höchstens eine Seite der DIN A4 lang, einige sind sogar sehr kurz. In diesem Sinne sind es einseitige Texte. Die Texte handeln jedoch von vielen unterschiedlichen Themen und Lebensbereichen. Somit sind es auch vielseitige Texte. Zahlreiche Rückmeldungen von Freunden und teilweise auch fremden Leserinnen oder Lesern haben mich dazu ermuntert, meine durch Schrift eingefangenen Momente zu einem Buch zusammenzufassen. Entstanden ist die Idee ursprünglich als Adventskalender. Jeden Tag ein Törchen mit einem Text auf der Homepage zum anklicken. Sie erinnern an die schön verzierten alten Adventskalender mit den Bildchen drin. Meine Texte sind Bilder in Worten. Sie sollen zum Nachdenken anregen oder einfach unterhalten. Kleine Portionen der Freude oder ein kleiner Trost. Obwohl manche Texte klingen, als kämen sie aus meiner tiefsten Seele, habe ich die Ich & Du-Form nur gewählt, um der Leserin oder dem Leser die Möglichkeit zu geben, sich im Text wiederzufinden.

Jede Ähnlichkeit mit tatsächlich existierenden Personen ist rein zufällig, aber durchaus gewollt. Gedanken sind einfach nur Gedanken und müssen nicht zwingend die persönliche Meinung des Autors wiederspiegeln. Nun wünsche ich dir viel Vergnügen mit meinen Textfenstern.

Die Texte sind nach ihren Titeln alphabetisch geordnet. Jede andere Ordnung hat zwangsläufig Texte ergeben, die sich nirgends einordnen liessen.

Von den Texten in Schweizer Mundart gibt es ganz am Schluss der Sammlung jeweils eine hochdeutsche Übersetzung.

Bruno Heter

...ieren

Letzthin wurde ich von einem Deutschen angemacht, weil unser "Schweizer-Deutsch" so niedlich sei. Es genüge doch einfach zu grillen – da müsse man nicht grillieren. Desgleichen beim Parken – wozu parkieren?

Okay, ich bin ein lernwilliger und wohl auch etwas unterwürfiger Schweizer und versuche, mich in Zukunft etwas korrekter zu artikulen, versprochen. Denn schliesslich möchte ich mit meinen Texten auch in Deutschland brillen können. Und so spaze ich durch den Wald und sinne darüber, wie ich mich noch besser über die Regeln informen könnte. Schliesslich möchte ich mich als Schweizer nicht noch einmal blamen. Das wäre zu peinlich, dann kursten tausende von Fail-Posts durchs Internet und das möchte ich nicht. Ich möchte es mal so formulen: Wenn ihr Deutschen uns Schweizern schon die Rechtschreibung dikt, könnte es nicht in einer allgemein verständlichen Fassung sein? Und sei es bloss, damit ihr Allwissenden uns Bauern nicht so oft korrigen müsst. Echt jetzt! Das würde uns die obligate unterwürfige Anpassung extrem erleichtern. Wir probten mal eben einen Schreibstil aus und wüssten sofort: Je mehr Deutsche uns hoften, desto besser wäre unsere Grammatik. Und wenn das dann nicht funktiont, dann könnte man uns im Krankenhaus ja die Stimmbänder heraus opern.

Allmählich käme uns der Gedanke, dass es alleine um Verben nicht gehe, sondern vielmehr um die Buchstabenkombination "ier", welche den Deutschen sauer aufstösst. Eigentlich erstaunlich für eine Nation, welche sich für die Braukunst von "B" brüstet. "B" wird in tausenden von Mass am Oktoberfest ausgeschenkt und lockert die deutschen Kehlen. Plötzlich hört man wieder "Bier her!" – Wie bitte? Bier? Die mit grosser Oberweite ausstaffte, und im Dirndl eingeklemmte, Kellnerin transportet noch schnell ein Tablet "B" zu den eh schon betrunkenen Herren und hofft auf ein grosses Trinkgeld (schliesslich haben sie auch viel getrunken).

Nun denn, zurück zur Grammatik. Huldigen wir also der Forderung unserer Deutschen Nachbarn und streichen die Buchstabenkombination "ier" aus der Rechtschreibung:

H folgt die Erklärung der neuen Rechtschreibung in v Paragraphen:

1. Formulungen und Strukturungen von Sätzen dürfen nur nach Duden erfolgen.

2. Sinnen und Philosophen über Texte bleibt Deutschen vorbehalten.

3. Nur Deutsche dürfen Texte korrigen.

4. Alle, welche nicht richtig schreiben können, blamen sich.

Und auch wenn ich euch linguistisch, germanistisch totstudierten Besserwisser jetzt zum Schock schockiere mit meinen Schlusssätzen: Ich echauffiere mich nicht mehr ob eurer Arroganz. Ich parkiere meinen Wagen im Park, wo es mir passt, ich platziere mich in meinem Garten ohne zu platzen, ich grilliere meine Wurst ohne Grillen und ich biere viele lokale Biere! Prost Grammatik! Echt jetzt!

Adventskalender

Sie haben das Format einer Zeitung oder manchmal auch bloss jenes einer Postkarte. Drauf aufgemalt sind winterliche Sujets, oft auch weihnachtliche Motive. Die Bilder sind meistens noch mit Schneepulver oder mit Glitzer verziert, es sieht irgendwie verzuckert aus. Im Bild verstecken sich vierundzwanzig Törli verschiedener Grösse. Das grösste mit der Nummer 24 ist meist ein Flügeltürchen.

Der einfache Adventskalender aus Karton begleitet den Jungen durch den Dezember. Jeden Tag darf er ein Törli aufmachen. Schon kurz nach dem Aufstehen tippeln seine Füsschen Richtung Kalender, die Fingerchen knubbeln am Karton herum. Die noch schläfrigen Augen erhellen, wenn hinter dem Türchen ein Rentier oder ein Sugar-Candy-Can hervorkommt.

"Mami, wie lange geht es noch bis Weihnachten?" fragt er immer wieder.

Die einfachste Antwort auf diese Frage lautet dann: "Wenn du alle Türchen aufgemacht hast, dann ist Weihnachten."

Ein Adventskalender hilft beim Warten auf Weihnachten. Man nimmt sich jeden Tag etwas Zeit und vergisst alles andere. Eine Mischung aus Vorfreude und Spannung macht sich breit, es ist ein sonderbarer Zauber. Eigentlich ist es genau diese Magie, welche die Weihnachtszeit ausmacht. Die Häuser, die Gärten und viele Bäume werden mit weissen Lämpchen verziert. Manche Leute ärgern sich darüber, sie erkennen die Schönheit nicht. Das Dorf leuchtet und glitzert im Schnee, es funkelt wie der wolkenlose Nachthimmel. Mit jedem Türchen, das man aufmacht, kommt man dem grossen Freudenfest näher.

Für viele Menschen ist die Weihnachtszeit jedoch die einsamste Zeit im Jahr. Während alle anderen sich mit ihren Familien in warme Stuben zurückziehen, gehen diese Menschen alleine spazieren oder ziehen sich in ihre Gedanken zurück. Sie haben keine Familie mehr, ihre Freunde haben keine Zeit. Das Fest der Freude wird zum Fest der Einsamkeit.

Man stelle sich ein Dorf vor, wo jeden Tag eine Türe mehr aufgemacht wird, bis am Schluss alle Dorfbewohner gemeinsam feiern. Aus Fremden werden Bekannte und aus Bekannten können Freunde werden. Anstatt die Menschen auszusperren, werden sie hereingebeten. Weihnachten ist dann, wenn du deine Türe aufmachst, wenn du Menschen am Glitzern deines Herzens teilhaben lässt und ihr miteinander feiern könnt.

Ein Adventskalender begleitet durch die Zeit der Vorfreude. Mache jeden Tag ein Törli auf und erfreue dich an dem, was du dahinter findest.

Ali Zhia

Die Geschichte eines kleinen, scheuen Jungens, der seine Welt und seinen Weg im Tanz findet.

Der kleine Ali kommt als erster Sohn zweier verliebter junger Menschen in Marokko zur Welt. Er hat wunderschöne braune Augen, welche lebensfroh und neugierig die Umgebung erkunden. Ali zappelt schon als kleiner Junge immer dann, wenn er die elterliche Musik hört. Er horcht jeweils zufrieden den Klängen und betrachtet seine Füsschen, welche sich dazu bewegen. Klein Ali wächst behütet, aber nicht bemuttert auf. Er kann seine ganz natürliche Neugier und die damit verbundene Keckheit normal entwickeln. Am liebsten möchte er bereits im zarten Babyalter zur Musik hüpfen, aber den Zauber mit dem "auf zwei Beinen stehen" hat der kleine Lehrling noch nicht so gut im Griff. So zappelt er auf seiner bequemen Decke und robbt rhythmisch über den weichen Fussboden des Beduinenzeltes. Dies sehr zur Freude seiner aufgeschlossenen Eltern, welche ihm dabei lachend zusehen und klatschen.

Im Alter von vier Jahren erhält er einen kleinen Bruder, Ilayah, der die Eltern fortan auch etwas beschäftigen wird. Immer, wenn Ali ruhig sein soll, weil gerade Ilayah Aufmerksamkeit braucht, spielt ihm seine Mutter Musik vor. Schon seit er laufen kann, bewegt er sich gerne zu Musik. Er denkt sich immer wieder frische Schritte aus, versucht sie zu kombinieren und der jeweiligen Musik anzupassen. Ab und zu bittet er seine Eltern, Publikum zu spielen. Sie nehmen das Angebot gerne an und freuen sich über die Vorführungen ihres Kleinen.

In der Schule merkt Ali aber schon bald, dass er zwei Seelen in seiner Brust hat: eine freche, vorwitzige und lebensfrohe sowie eine scheue, zurückhaltende und ruhige Seite. Er ist ein fleissiger Schüler, der aber lieber im Hintergrund bleibt und sich wenn immer möglich nicht präsentieren will. Schule ist für ihn manchmal langweilig, weil er die Dinge relativ schnell begreift und eigentlich lieber etwas rascher vorwärts ginge, als die Lehrer das tun. Dinge, welche ihn nicht interessieren, lernt er nicht.

Er sortiert sie einfach aus. Wenn die Lehrer oder sonst wer ihn nerven, dann tanzt er. Es erinnert ein wenig an die Szene in der Industriehalle im Film Footloose. Die meisten Lehrer haben aber Mühe damit, Alis Art so hinzunehmen und versuchen, ihn ruhig zu stellen. Ali verschliesst sich und zeigt vermehrt seine scheue und ruhige Art. Nur im Inneren denkt er sich die kecken Antworten aus, lacht und bewegt seine Füsse unter dem Tisch.

Ach, ihr Lehrer, wenn ihr wüsstet, was ihr verpasst. Der kecke Ali hat so viel Gefühl und so viel Talent. Warum muss es immer nach Büchlein gehen? Warum kann man die Welt nicht einmal aus den Augen Ali Zhias betrachten? Barfuss auf dem weichen Boden im Beduinenzelt. In den Bewegungen und in den Tanzschritten den ganzen Schmerz der verstorbenen Grossmutter. Tränen als Bewegung, Schmerz als Bild zu einer Musik, welche die Schritte unterstützt. Man muss als Betrachter den Hintergrund des Tanzes nicht kennen, man fühlt ihn. Ali Zhia fesselt mit seinen feinen oder auch harten Bewegungen jeden Betrachter und niemand kann sich der Vorführung entziehen. Mitten im Publikum sitzen die stolzen Eltern.

Ali schafft es mit vierzehn endlich, seine kecke Art zu zeigen. Ein alter, kleiner Lehrer der höheren Schule lässt dies zu. Und so kann sich Ali Zhia fortan zeigen, wie er eigentlich ist. Seine Welt des Tanzes begleitet ihn auch im Alltag. Mit ihm steigt über dem Beduinenzelt ein neuer Stern auf, der noch vielen den Weg weisen wird.

Aura

Aura, die; lat.; besondere Ausstrahlung

Seit ich dich kenne weiss ich, es gibt sie, die Aura. Es soll gar Menschen geben, welche sie sehen können. Man sagt, es sei ein Schimmer von Licht, mit der Stimmung angepassten Farben. Sehen kann ich deine Aura nicht, aber ich spüre sie. Schon wenn du zwei Stockwerke tiefer das Haus betrittst, spüre ich die Veränderung meiner Umgebung. Deine Aura ist dir weit voraus, verrät mir, du kommest, damit ich mich schon freuen kann. Du hast mein Leben verändert, verbessert. Am Abend gelten meine letzten Gedanken dir, genau so wie die ersten am frühen Morgen.

Wenn das mit den eingangs erwähnten Farben stimmt, dann ist deine Aura nur mit guten Farben gestaltet. Deine ist wärmend, deine ist Schutz, deine ist Harmonie. Wenn sie mit dir den Raum betritt, dann füllt sie ihn mit ihrer Energie. Es ist, als fliesse eine bisher unbekannte Energie durch den Körper. Das Herz klopft etwas schneller, die Muskeln entspannen sich auf angenehme Art.

Zum Glück haben wir Menschen eine Aura. Sie lässt es zu, dass wir unser Gegenüber etwas einschätzen können, dass wir merken, woran wir sind. Wenn wir uns darauf einlassen, können wir die Gefühle besser einordnen und angepasst auf unsere Mitmenschen reagieren. Die Aura hilft uns, Fehler zu vermeiden. Man sagt, ein Hund spüre genau, wie es seinem Herrchen gehe oder merke genau, wenn ein Jogger Angst habe. Offenbar spüren Hunde unsere Aura besser als wir Menschen.

Auch Pflanzen können sie erfassen. Es gab Menschengruppen in diesem Raum, welche alle Pflanzen eingehen liessen - und das lag nicht an der mangelnden Pflege, sondern an der aggressiven und negativen Grundstimmung innerhalb der Gruppe. Den Pflanzen ging es nämlich nach längeren Pausen immer prächtig. Die Pflanzen spüren genau, welche

Aura uns Menschen umgibt. Wie alle Lebewesen brauchen auch sie positive Energie, damit sie gedeihen können.

Jeder Mensch hat positive Energie in sich. Manchmal lassen wir es zu, dass sie unsere Aura bestimmt. Manchmal jedoch verkümmert sie irgendwo tief in uns drin und unsere Aura ist aggressiv, negativ, giftig. Wie der Sprühnebel einer Spraydose legt sich die negative Aura dann auf unsere Mitmenschen ab und trübt auch deren Lichtschimmer. Nach und nach werden die Menschen mürrisch oder gar missmutig und eine negative Stimmung kann sich ausbreiten.

In solchen Momenten braucht es eine starke Person, jemanden wie dich, mit einer positiven Aura. Denn wenn du den Raum betrittst, füllst du ihn mit Liebe und mit guter Stimmung. Deine Aura hat mein Leben verändert und ich danke dir dafür.

Ausgebrannt

Sie steht ruhig im Fenster, weiss, gross, stolz. Sie spendet Licht, sie erhellt den Weg. Wenn ein Funke springt, beginnt sie zu leuchten, ihr Feuer brennt. Wenn man ihr näher kommt, spürt man wohltuende Wärme. Sie kann ihr Feuer weiter geben. Kleinere Kerzen können es empfangen, entwickeln eine eigene Flamme und leuchten eigene Wege.

Komm ihnen nicht zu nahe, du wirst dich verbrennen. Die Flamme gibt die Grenze vor. Die grosse Kerze nimmt ihre Energie aus ihrem Körper, scheinbar endlos. Nur langsam stellt man fest, sie wird kleiner, sie verändert sich. Sie hat schon so vielen kleinen Kerzen ihr Licht weiter gegeben.

Sie wird nicht für immer leuchten können, irgendwann wird sie ausgebrannt sein. Dann wird ihr Licht nur noch Erinnerung sein, vielleicht im Licht der kleinen Kerzen weiter getragen. Niemand wird sich jedoch daran erinnern, woher die kleinen Kerzen ihr Leuchten haben.

Ohne Wind brennt die Kerze länger. Wird der Wind zu stark, kann die Flamme nicht mehr auf die scheinbar endlose Energie im Körper zugreifen. Sie erlischt mit einem sich sanft lösenden Rauchfaden.

Eine Laterne aus Glas könnte die Flamme davor schützen, das ausgebreitete Licht verliert dabei aber die Wärme. Sie bleibt in der Laterne drin. Das Licht hat nur noch halbe Wirkung und kleinere Kerzen haben es schwerer, die Flamme zu übernehmen.

Lassen wir die Kerze also ohne Käfig leuchten und halten den Wind im Zaum. Denn wenn die Flamme ausgeht, ist die Kerze ausgebrannt und es braucht eine andere Flamme, die versuchen kann, sie neu zu entzünden. Freut euch an den vielen Kerzen, die heute an diesem kalten, verschneiten Tag den Weg leuchten. Noch brennt die Kerze und ich erfreue mich an ihrem warmen Licht.

Autobahn

Nie wäre mir beim Spielen mit meiner Murmelbahn in den Sinn gekommen, einen Vergleich mit der Strasse anzustellen. Da schossen die vielen Murmeln zwischen den vorgegebenen Schranken ihrem Ziel entgegen, machten bei jeder Wende einen Klacks, es war ein Heidenlärm und ich hatte Freude daran. Es waren viele verschiedene Murmeln dabei, keine glich der anderen, es war ein buntes, irgendwie beruhigendes Schauspiel.

Dann und wann verklemmte sich eine Murmel im Kehrtunnel und es kam zu einem wahrhaftigen Stau, vor allem dann, wenn ich zu viele Murmeln auf die Bahn gelegt hatte. Mühsam klaubte ich mit meinen kleinen Fingern die verklemmte Murmel aus dem Holz, worauf die wartenden Murmeln sogleich wieder los rollten.

Im Grunde genommen ein simples Spiel. Du legst Murmeln oben auf die Bahn und freust dich daran, wie sie runter kugeln. Sie kommen alle ins gleiche Ziel. Das muss nicht sein - man könnte doch verschiedene Ziele bauen und die Kugeln nach einer Art Zufallsprinzip mal hier hin mal da hin rollen lassen. Auf diese Art funktionieren Postsortieranlagen oder die Gepäckanlage am Flughafen - einfach ohne den Zufall.

Wenn wir noch grösser denken, gelangen wir zur Erfindung "Autobahn". Man legt Autos an den Rand einer Bahn mit vorgegebenen Schranken und schon rollen sie los. Oft schwarz oder silbrig, dazwischen aber auch mal bunt, grosse und kleine, glänzende und matte - alle rollen sie fröhlich in die gleiche Richtung, verschiedenen Zielen entgegen. Es ist ein buntes Schauspiel, welches einen Heidenlärm erzeugt. Hat wohl jemand Freude daran?

Dann und wann verklemmen sich einige Autos scheinbar grundlos und es kommt zu einem wahrhaftigen Stau. Die Feuerwehr klaubt die verklemmten Bleche auseinander, worauf die wartenden Autos gleich wieder los rollen. Im Grunde genommen ein simples Spiel.

Im Unterschied zu den Kugeln können die Autos willkürlich ihre Richtung oder ihre Geschwindigkeit ändern. Der Mensch hat seine Hand im Spiel. Das macht es kompliziert. Wo ein Mensch ist, ist auch ein Wille. Der Wille ist, wie die Streifen von Zebras, nie zweimal genau gleich. So kommt es zwangsläufig zu gehässigen Komplikationen, Aggression, Stress und leider oftmals auch grossem Leid. Dabei wussten wir doch schon als Kinder: Wenn ich die Kugeln zu dicht aufeinander auf die Bahn lege, ist der Stau vorprogrammiert.

Denke das nächste Mal, wenn du auf die Autobahn auffährst, an die Murmelbahn. Stelle dir vor, in einer bunten Murmel zu sitzen. Du wirst mit einem Lächeln auf dem Gesicht zwischen vorgegebenen Schranken deinem Ziel entgegen rollen. Ein simples Spiel.

Baum

Seit mehr als zweitausend Jahren steht er da, trotzt Wind und Wetter. Viele Menschen hat er kommen und gehen sehen, er war bei der Geburt Jesu dabei. Als kleines Pflänzchen im Römischen Reich gesprossen, hatte er das Glück, einen Standort gewählt zu haben, den die Menschen niemals für sich beanspruchten. Zweitausend Jahre lang haben die Menschen um ihn herum gebaut. Wäre er als Eiche gewachsen, hätten diese Schiffe und Häuser bauenden Lebewesen sein Holz wohl schon lange genutzt. Als Tanne hätten sie ihn wohl im aufkommenden Christentum einmal als Weihnachtsbaum mitgenommen. Als Pinie hätte sein Holz im Winter den Menschen warm gegeben. Welch ein Glück, ein Olivenbaum zu sein.

Die Bauern ernten seine Früchte und er gibt sie ihnen gerne. Aus den kleinen, grünen oder schwarzen Kugeln wird ein wertvolles Öl gepresst, ein Öl, das auch im Holz und in den Blättern enthalten ist. Es ist sein Lebenssaft, den er aus dem wenigen Wasser seiner Umgebung gewinnt. Jahr für Jahr zeigt er mit seinen kleinen, weissen Blüten: Ich bin noch da, ich habe noch Kraft, ich lebe.

Vielen Stürmen hat er getrotzt, manche Dürre überstanden, zwei grosse Kriege der Menschen überlebt. Ob er sich jemals gefragt hat, weshalb die Menschen einander bekämpfen? Unter Bäumen werden die Territorien auch mit Kämpfen abgesteckt. Wächst ein Baum zu nah beim anderen, beginnt der Kampf ums Wasser. Wer die stärkeren Wurzeln hat, gewinnt. Der Verlierer wird langsam austrocknen und schliesslich sterben. Hohe Bäume kämpfen mit Licht, Bäume mit grossen Kronen und starken Ästen nehmen sich den Raum, den sie brauchen. Kleinere Gewächse passen sich an. Die Waffen der Bäume sind viel subtiler als jene der Menschen. Der Kampf geht immer um Ressourcen, nie um Macht.

Und dabei ist er so mächtig, dieser alte Baum. Nie ist er zu gross geworden, sonst hätte er die Zeit nicht überstanden. Immer hat er gemerkt, wann er seine Grenzen erreicht hat. Viele seiner Artgenossen in anderen Teilen der Erde sind gleich alt. Bäume sind Kraft, Bäume sind Leben, Bäume sind Ruhe. Könnten sie reden, hätten sie viel zu erzählen. Aber ob je ein Mensch auf sie hören würde?

Der Mensch hat andere Interessen. Seit vielen Generationen hat er aufgehört, auf Bäume zu achten, auf sie zu hören. Wohlstand wird heute nicht mehr mit Lebensqualität in einem natürlichen Sinn, Qualität des Lebens an sich, gemessen, sondern an Geld, Einfluss und Macht. Der Mensch hat vergessen, woher sein Leben kommt, was er zum atmen braucht. Er sitzt in hübsche Klamotten gehüllt auf einem vergoldeten Ast und sägt an dessen inneren Seite. Könnten Bäume reden, sie würden den blinden Menschen hoffentlich daran erinnern, dass auch er bloss ein kleines Teilchen im grossen Ganzen ist, das man Leben nennt.

"Imagine if trees gave off free wifi. We'd all be planting them like crazy. It's a pity they only give us the oxygen we breathe."

(Zitat; Autor unbekannt)

Beichte

Wie sagt man jemandem, den man mag, dass man ihm weh tun wird? Am besten wohl gar nicht, aber auch das ist nicht einfach. Ich versuche es einmal mit einer ehrlichen Beichte. Ich werde dir weh tun, das weiss ich und das tut mir jetzt schon Leid. Seit wir uns kennen, haben wir an unserer Beziehung gearbeitet und sind uns näher gekommen. Ich habe mich an dein Lachen gewöhnt, denn es kommt von Herzen. Deine alltägliche Fröhlichkeit, dein treuherziger Blick, dein Schalk - sie alle werden mir fehlen. Ja, ich werde dich verlassen. Du wirst ganz still, krümelst dich in eine Ecke, blickst mich an und fragst: "Warum?" Deine wunderschönen, dunkelbraunen Augen verraten mehr. Du fragst dich, ob du etwas falsch gemacht habest. Nein, hast du nicht. Im Gegenteil, du hast in dieser kurzen Zeit, die wir gemeinsam hatten, alles richtig gemacht. Du bist der Grund, weshalb ich eine Zeit lang an meinem Weggang zweifelte. Immer weisst du alles besser, und das nervt gewaltig, das weisst du - es wird mir dennoch fehlen, denn ich mag dein Wissen. Du zappelst rum, spielst den Joggi, aber auch das machst du mit einem ganz eigenen Charme, den nur du versprühen kannst. Deine Vergesslichkeit kann mich genauso an die Decke treiben wie deine Naivität, mit der du teilweise durch die Welt gehst. Dazwischen lachst du so laut, dass die Ohren pfeifen. Mal beinah dumm und im nächsten Moment wieder hoch intelligent und voller Tatendrang. Das bist du. Jeden Tag unserer gemeinsamen Zeit habe ich mich auf dich gefreut. Irgendwie spürte ich, dir gehe es genau so. Dafür bin ich dir auf ewig dankbar. Glaube mir, es fällt mir nicht leicht, dein Vertrauen in mich zu brechen, dich zu enttäuschen. Nun blicke ich in deine tiefblauen Augen und versuche, dir zu erklären, wie es soweit kommen konnte. Menschen entwickeln sich weiter, sie bewegen sich. Als ich vor fünf Jahren tief verletzt wurde, nicht von dir, ich weiss, da stand für mich plötzlich alles still. Auf wundersame Weise wurde ich langsam gerettet, das Leben eroberte mich zurück. Ich durfte Liebe erfahren, auch von dir. Dafür bin ich dir dankbar. Nun aber fühle ich mich bereit, mein Leben wieder in die eigenen Hände zu nehmen und einen ganz neuen Weg zu gehen. Ich brauche eine Veränderung. Ich habe die Chance dazu erhalten und werde sie packen. Weisst du, das solltest auch du tun. Nutze die Gelegenheit, da ich weg gehe, positiv und nimm die Herausforderung an. Sei wütend über mich, schrei mich an, lass aber bitte deine Fäuste diesmal ruhig. Blicke mich mit deinen grüngrauen Augen zornig an oder wende dich einen Moment lang ab. Wenn du dich dann beruhigt hast, gehen wir zusammen den Weg zu Ende. Du weisst, in mir hast du einen Freund fürs Leben, auch wenn ich fortan weit von dir entfernt bin. Jederzeit darfst du mir schreiben, darfst mich um Rat fragen oder darfst mir einfach berichten, wie du dich fühlst. Ich werde dich besuchen und mich erkundigen, wie es dir geht. Glaube mir, du bist mir nicht egal, denn ich mag dich.

All das möchte ich dir sagen. Und ich kann es nicht. Es tut mir jetzt schon Leid, denn ich werde dich verlassen. Bitte verzeih mir, es hat nichts mit dir zu tun. Du hast alles richtig gemacht.

Du bist wunderbar.

Berufswunsch

Berufswünsche von Kindern haben sich in den vergangenen dreissig Jahren stark gewandelt. Es gab eine Zeit, da wollten Jungs Astronaut oder Lokomotivführer werden und Mädchen strebten den Beruf einer Krankenschwester an. Heute sind Youtuber und Influencerin stark im Trend.

Diese beiden Berufe sind sich recht ähnlich. Der Youtuber betreibt seine Selbstinszenierung vor allem zur Unterhaltung seiner Follower. Genaugenommen arbeitet er also in der Filmbranche. Die Influencerin lässt sich Kleidung, Outfit, Makeup und Schuhe von Sponsoren bezahlen. Ihre Selbstinszenierung dient dem Verkauf der geliehenen Artikel. Genaugenommen arbeitet sie also in der Werbebranche.

Beide haben das Gefühl, die Menschen folgen ihnen als Individuen. Sie fühlen sich ernst genommen, was ihnen das Gefühl von Wichtigkeit gibt. In Wirklichkeit sind sie so schnell vergessen wie eine Tageszeitung. Sie stehen dadurch unter Dauerstress, ständig neue Posts zu produzieren, damit man sie nicht vergisst. Sie stehen unter Druck, was sie wiederum mit der Tageszeitung vergleichbar macht.

Die heutige Gesellschaft ist gelangweilt. Alles wird vorgegeben. Man geht abends in den schicken Club anstatt sich mit Freunden in der Garage zur eigenen Party zu treffen. Im Club geht es weniger darum, zu tanzen und den Abend mit den Freunden zu geniessen als vielmehr darum, die neuesten Posts auf Youtube oder Instagram anzusehen und sich diese gegenseitig zu zeigen. Genaugenommen wird im Ausgang also beobachtet, wie andere im Ausgang sind.

Als Youtuber und Influencerin lebt man demzufolge anderen Menschen ein wirkungsvoll inszeniertes und glückliches Leben vor. Die Follower sitzen gespannt vor den kleinen Bildschirmen ihrer Smartphones und beobachten das Scheinleben, während ihr eigenes an ihnen vorüberzieht. In dieser Beziehung erinnern sie mich an die Passagiere im Zug des Lokomotivführers. Sie folgen ihm und blicken gespannt auf die vorüberziehende Landschaft.

Dennoch unterscheiden sich Zugreisende deutlich von Followern. Die Reisende ist irgendwann am Ziel. Sie steigt aus dem Zug aus und lebt einen Moment in der neuen Welt, welche sie aus einem bestimmten Grund ausgesucht hat. Der Follower sitzt immer noch am gleichen Ort und schaut gebannt dem virtuellen Leben seines Idols zu.

Man stelle sich eine Krankenschwester vor, die täglich in einer neuen, modischen Schürze ihre modernen Instrumente und wirkungsvollen Medikamente präsentiert, sich dazu mehr oder weniger talentiert an exotischen Orten räkelt und dauernd vielsagende Blicke in die Kamera wirft. Kein einziger Patient wird gesund werden. Die Krankenschwester wird irgendwann alt und durch eine jüngere ersetzt, weil diese mehr Follower auf sich ziehen kann. Die alte wird vergessen, sie ist die Tageszeitung von gestern. Als Influencerin ist sie damit arbeitslos.

Genau hier liegt wohl der deutlichste Unterschied zwischen den Berufswünschen von einst und den Trendberufen von heute. Es geht um Nachhaltigkeit, Vertrauen und Wertschätzung. Dem Youtuber ist eigentlich egal, wer seine Follower sind, Hauptsache es sind viele, damit die Werbeeinnahmen stimmen. Die Influencerin versucht so lange wie möglich jung zu bleiben damit ihre Follower sie nicht fallen lassen. Das gibt ihr das Gefühl, wichtig zu sein.

Der verantwortungsbewusste Lokomotivführer klettert abends aus seiner Maschine und weiss, er hat viele Menschen sicher an ihre Ziele gebracht. Der Astronaut kann seine Entdeckungen, seine Forschung der Wissenschaft zur Verfügung stellen und trägt dazu zu einem möglichen Fortschritt bei. Die Krankenschwester begleitet kranke und verletzte Menschen in ihrem Heilungsprozess und spendet Mut und Trost. Sie sind alle in nachhaltigen Berufen tätig. Sie werden durch ihre Erfahrung mit zunehmendem Alter wertvoller, während der Youtuber und die Influencerin irgendwann mit einem mehr oder weniger hübschen Schnürchen zu digitalem Altpapier gebündelt werden.

Blue Eyes

Blaue Augen sind offenbar etwas ganz Besonderes. Nun, mein Vater hatte blaue Augen. So besonders können sie also nicht sein. Dennoch wird über keine Augenfarbe so viel geschrieben oder gesungen wie über die blauen Augen. Sie sind es offensichtlich, welche die Magie in sich haben. Die Magie, andere Menschen zu fangen, zu faszinieren, zu manipulieren - sie sind Macht.

Du blickst mich an und ich bin weg. Deine Augen sind von einer Aura umgeben, welche mich nicht mehr los lässt. Die blaue Farbe ist mit grauen oder leicht grünen Noten gemischt, was sie nur noch interessanter werden lässt. Ich könnte den ganzen Tag einfach in deine Augen sehen und wäre glücklich dabei. Weisst du eigentlich, was du mit diesen Augen alles erreichen kannst?

Du kommst zu spät nachhause, hast deine Arbeit nicht gemacht oder sonst etwas verbockt. Du setzt den unschuldigen "Sorry-Blick" auf und schon ist die Strafe weg. Du hast gerade kein Geld dabei, dich verlaufen oder brauchst auf eine andere Art Hilfe. Du setzt einfach den hilflosen "Help-Me-Blick" auf und schon erhältst du, was du brauchst. Dein giftiger "Lass-Mich-in-Ruhe-Blick" geht durch Mark und Bein. Ich werde alles dafür tun, diese tödlichen Pfeile nie auf mich gerichtet sehen zu müssen. Die wichtigste Aufgabe deiner Augen ist es aber, mit den Menschen ehrlich zu kommunizieren. Die Augen lügen nicht, sagt man. Ich muss fast ein König sein, so wie deine Augen mich anblicken. Um nichts in der Welt möchte ich das missen.

Ich erinnere mich an wunderbar zweisame Momente, in welchen mir gesagt wurde, ich hätte schöne goldbraune Augen, welche im Sonnenlicht besonders zur Geltung kämen. Wenn dir das jemand sagt, den du magst, ist das Honig für die Seele. Ein Lob für die Augen ist irgendwie wertvoller als ein Lob für Dinge, die man tut. Deshalb sage ich es dir gerne noch einmal: Du hast wunderschöne blaue Augen, die nicht nur mich verzaubern.

Die Augen sind ein wichtiger Faktor, wenn es um Beziehungen geht. Unsere Gefühlswelt ist auch von den Augen gesteuert. Was wir sehen, regt

Gefühle an, weit mehr als das, was wir riechen, hören oder ertasten. Eine Frau ist vor kurzem erblindet. Nie wieder wird sie mit ihren Augen die Umgebung erkunden können. Die Augen ihrer Tochter wird sie nur noch in ihrer Erinnerung sehen können. Ihr inneres Auge hilft ihr, sich im Alltag zurecht zu finden. Ihr inneres Auge zeigt mein Gesicht, wenn ich zu ihr spreche. Das innere Auge ist unser Bildgedächtnis, dort, wo wir so vieles ablegen um uns zu erinnern. Die Augen sind das Tor zur Seele, sagt man. Im Fall jener Frau hat sich dieses Tor nun geschlossen und sie öffnet andere Zugänge zu ihrer Seele. Ihre anderen Sinne werden aktiver und ersetzen nach und nach die informationslosen Augen.

Deine Augen sind in meinem Bildgedächtnis gespeichert. Wenn ich irgendwo Elton John's "Blue Eyes" höre, erscheint dein Gesicht, erscheinen deine Augen auf meinem inneren Bildschirm. Du strotzt vor Lebensfreude und Neugier. Deine Augen saugen alles auf, was sich in ihren Kreis bewegt. Während einigen Momenten hast du mich in deine Seele blicken lassen und ich danke dir für dein Vertrauen. Ich würde alles dafür tun, deine Augen niemals traurig sehen zu müssen. Und falls doch, dann blicke, wenn du möchtest, in meine Augen und ich gebe dir Trost und Ruhe.

Und nun bin ich sicher: Blaue Augen sind etwas ganz Besonderes.

Blume der Vergebung

Vergib mir, liebe Blume, denn ich bin nur ein Mensch. Menschen machen Fehler, alle Menschen. Aber Fehler verbinden auch, denn mit ihnen einher geht normalerweise die Vergebung, ihnen folgt die Versöhnung. Nur wenige Menschen halten sich an Fehlern der Mitmenschen fest und verzeihen nicht. Sie erinnern mich an empfindliche Orchideen, welche bei falscher Behandlung zu welken beginnen und sich kaum mehr erholen. Behandle ich die Orchidee jedoch richtig, mit viel Sinn für Feinheiten und Gespür für ihre Bedürfnisse, dann kann ich mich lange an wunderschönen Blüten und ihrer Farbenpracht erfreuen.

Du bist eine solche Orchidee. Schwierig in der Pflege, dafür umso prachtvoller, wenn man dich erreicht und richtig pflegt. Offenbar habe ich in der Vergangenheit einen Fehler begangen, den du mir wohl nie wirst verzeihen können. Mehr noch, ich habe das Gefühl, dein Unmut, deine Wut über meinen Fehler habe sich auf magische Art auf umliegende Wurzeln anderer Orchideen übertragen.

Nach und nach verschwanden die Blüten, erloschen die Farben. Nun sitze ich in der grauen Welt und weiss doch ganz genau, dass du sehr wohl blühst. Für mich einfach nicht sichtbar, als ob du einen Zauberfilter auflegen könntest, der deine Farbenpracht nur vor mir versteckt. Ich könnte weinen vor Trauer, wenn ich denn wüsste, weshalb. Ich wünschte mir, meine Tränen nährten deine Wurzeln und könnten helfen, die verletzten Stellen der Vergangenheit zu heilen.

Durch meinen unendlichen Glauben an das Gute im Menschen, ja in Lebewesen allgemein, werde ich weiterhin mit dir sprechen, zu dir halten. Denn deine Worte treffen mich mitten im Kern. Solche Worte möchte ich immer wieder hören. Sie fehlen mir. Schmerzvoll, dich welken und entschwinden zu sehen. Somit werde ich dich pflegen und hegen. Denn ich glaube daran, dass eine Zeit kommen wird, wo auch du wirst vergeben können und wo du mir deine Farbenpracht wieder zeigst. Nach und nach werden dann vielleicht auch die anderen Orchideen wieder blühen und wir erfreuen uns gemeinsam an der Farbenpracht des Lebens.

Verloren in diesem Monolog gehe ich meinen Weg. In Gedanken trage ich deine Bilder und deine Worte mit mir, sie sind ein Teil von mir. Vergib mir, liebe Blume, denn ich bin nur ein Mensch.

Brief an meine Tochter

Hei meine Kleine

Es ist Sonntag um halb zwölf. Du liegst friedlich in deinem Bett, wie es sich für eine sechzehnjährige gehört. Deine künstlich verlängerten Fingernägel klammern sich an die Decke, unter welcher du dich gemütlich zusammengekrümelt hast. Dein Handy liegt ausgeschaltet auf deinem Schreibtisch. Etwas von deinem Arm lugt hervor und ich betrachte die Stelle, an welcher du ein Tattoo geplant hast. Dabei muss ich lächeln - ein Tattoo... aber du machst dir Gedanken, du wählst einen passenden Spruch, du veränderst dich. Und das allein finde ich schon gut. Dein dunkelblondes Haar fällt ungeordnet über dein Gesicht. Deine wunderschönen blauen Augen sind friedlich geschlossen, die Gesichtszüge voller Vertrauen entspannt, du atmest ruhig und gleichmässig. Du siehst glücklich aus und ich bin stolz dafür.

Wann habe ich dir zum letzten Mal wirklich gesagt, dass ich dich liebe? Das muss vor deiner Teenie-Zeit gewesen sein, denn seit du fünfzehn bist, reagierst du eher peinlich berührt, wenn dir deine Eltern so etwas sagen. Ich aber kenne dich besser. Ich weiss, dass die Botschaft ankommt und du sie magst. Ich denke an dein erstes Wort zurück, an deine ersten Schritte oder den ersten Schultag. Kleines Mädchen, du hast dich zu einer sehr vernünftigen jungen Frau gewandelt. Als Frau musst du stark sein. Das bist du, du hast deinen eigenen Willen und bestimmst für dich, was richtig und was falsch ist. Ich mag das, obwohl es auch manchmal weh macht zu sehen, dass deine Ideen anders sind als meine. Als Mutter muss ich lernen loszulassen, dich zu unterstützen, in welche Richtung du auch immer gehen magst. Polizistin - echt jetzt? Ein Bulle in der Familie? Schön zu bemerken, dass du dich für Gerechtigkeit und Sicherheit bemühst und interessierst. Aber zuerst einmal gehst du dich als Kauffrau vorstellen. Du bekommst damit eine einzigartige Gelegenheit und ich wünsche mir, dass du sie nutzen kannst. Und nun hast du die Lehrstelle tatsächlich erhalten. Ich bin so stolz auf dich, habe ich dir das in letzter Zeit einmal gesagt?

Seit dein Vater ausgezogen ist, haben wir es nicht immer einfach. Aber die Dinge entwickeln sich zum Guten. Du unterstützt mich und ich weiss das zu schätzen. Leider habe ich nicht immer die Kraft dazu, dir das zu sagen und zu zeigen. Wir aber halten zusammen und beginnen, unseren eigenen Weg zu bestimmen. Ich freue mich auf die neuen Herausforderungen mit der neuen Wohnung. Wir werden einen richtig guten Umbau an die Hand nehmen, damit du dein eigenes kleines Reich erhalten kannst. Dort kannst du dich weiter entfalten, für dich kochen, für Freunde da sein und bist dennoch nah bei uns. Einige Freunde wirst du gewinnen und danach wieder verlieren. Es wird Tränen geben, wir werden uns gegenseitig beistehen und trösten. Denn weisst du, das mit den Tränen hört nicht auf, wenn du älter wirst. Wichtig ist immer die Familie. Sei es deine eigene oder die Familie der Freundschaft. Echte Freunde sind schwer zu finden und deswegen selten und wertvoll. Wir dürfen als kleine Familie einige solche Freunde kennen.

Meine geliebte Tochter, du bist das Wertvollste, was mir je passiert ist. Wenn ich dich so wie jetzt gerade anblicke, dann sehe ich viele Dinge von mir in dir. Ich erinnere mich daran, wie es war, als ich begonnen habe loszufliegen. Also, mein Schatz, fliege los, sei sechzehn, erobere die Welt und wisse, bei mir hast du immer einen Ort der Ruhe und der Geborgenheit. Ich sage es dir viel zu selten, aber ich liebe dich.

Deine Mutter

Bücher

Lesen ist Reisen im Kopf. Seite für Seite gebe ich mich neuen Abenteuern hin. Ich stelle mir Berlin im Jahre 1964 vor, nachdem Deutschland den Krieg gewonnen hat, ich reise mit Professor Lidenbrock zum Mittelpunkt der Erde, betrachte mit Aomame die zwei Monde am Himmel oder kämpfe mit Toyo gegen die Sperbermenschen. Die Autoren lassen mich an ihrer Fantasie teilhaben und ich nehme das Angebot gerne an. Die Geschichten in Büchern sind zeitlos. Während sich die Welt um sie herum verändert, bewahren sie ein Stück Geschichte. Tom Sawyer lebt genau so abenteuerlich auf seiner Pirateninsel, auch wenn der Mississippi längst nicht mehr von Raddampfern befahren wird. 1984 bleibt ein spannendes Buch über die Zukunft, auch wenn das Jahr mittlerweile unerreichbar weit in der Vergangenheit liegt.

Früher wurde ich belehrt, die Groschenromane rund um Cowboys und andere Haudegen im Wilden Westen seien "Schundliteratur" und schadeten meiner Entwicklung. Was kann denn bitteschön am Lesen schädlich sein? Ich hätte Goethe oder Schiller lesen sollen. Das sei wahre Bildung, hiess es. Beim Lesen will ich mich aber nicht primär bilden lassen, ich will Abenteuer erleben, ich will mich unsterblich verlieben, ich will reisen. Wenn ich Bildung will, dann lese ich Sachbücher oder Sekundärliteratur, um mehr über einen gelesenen Roman zu erfahren oder um den Autor besser kennenzulernen.

In unserer modernen Zeit werden Geschichten mehrheitlich verfilmt und Sachbücher werden durch Internetseiten ersetzt. Ersteres empfinde ich als Einschränkung, denn ein Film zeigt nur die Vorstellung des Regisseurs und weitere Fantasie hat wenig Platz. Letzteres macht durchaus Sinn, denn neue Erkenntnisse oder der technische Fortschritt können im Internet schneller angepasst werden, als das in Sachbüchern möglich wäre. Sachbücher veralten, verlieren ihre Aktualität und werden höchstens für Historiker einmal wieder interessant.

Bücher haben keine Saison. Sie begleiten mich zum Strand genau so gut wie in die Skihütte. Aber an einem verschneiten Winterabend vor den Kamin sitzen, die Tasse mit heissem Tee neben mich stellen, Füsse hoch legen und unter die warme Decke schieben und dann mit den Gedanken in die Geschichte des Buches eintauchen - das ist ein wunderbarer Moment, der durch nichts zu ersetzen ist. Eine Reise im Kopf eben, ich freue mich auf das nächste Abenteuer.

Campingplatz

"Hendrik, komm jetzt sofort her! Hör auf zu rennen! Hendrik!"

Campingferien sind toll. Menschen setzen sich in überfüllte Autos oder Wohnmobile, stellen sich in die Autoschlange und arbeiten gezwungenermassen an ihrer Frustrationstoleranz. Viele Autostunden und zahlreiche Mahnworte später erreichen sie übermüdet den lang ersehnten Campingplatz am Meer. Die Kinder verlassen das Gefährt, sie rennen in Richtung Strand davon. Mindestens eines muss aber auf die Toilette und der Vater versucht mit seiner letzten Energie das für ihn viel zu grosse Gefährt auf den chronisch zu kleinen Stellplatz zu manövrieren. Die Frau steht im toten Winkel daneben, winkt, schreit und zeigt, der Mann beachtet sie nicht und schaut genervt in die zu kleinen Rückspiegel, steigt aus und befiehlt. Das geht dann einige Minuten so hin und her, bis die fahrbare Wohnung schliesslich doch noch so steht, wie der Mann sich das vorgestellt hat.

Der Aufbau des Vorzeltes ist auch ein Bühnenstück für sich. "Nein, das ist die Stange für die Mitte, nicht am Rand. Ich habe dir letztes Jahr gesagt, wir sollen die Stangen markieren." - "Ich weiss schon, wie das aufgebaut werden muss, wart, ich erkläre es dir. Mach doch einfach das, was ich sage." Langsam entsteht das einem Zelt ähnliche Gebilde und die beiden Eltern hätten bereits Ferien von den Ferien nötig. Derweilen kommen die Kinder vom Strand zurück und rennen sofort mit ihren sandigen Füssen in den Wohnwagen. Die Mutter schimpft schon wieder und der Vater öffnet sein erstes Bier.

"Du könntest mir ruhig helfen. Sag doch auch was. Manfred!" Die Mutter versucht die Kinder zu säubern. Mindestens eines von ihnen muss auf die Toilette. "Wir haben keinen Strom." - "Der da nebenan hat zwei Plätze am Stromverteiler belegt. Das geht ja gar nicht. Ich gehe zum Empfang und beschwere mich." Selbstverständlich kann der Camper die Landessprache nicht und erwartet, dass die Dame am Empfang seine Sprache spricht. Die Situation mit dem Strom kann letztendlich gelöst werden, indem ein Kabel des Nachbarn kurzzeitig ausgesteckt wird, damit ein Steckplatz frei wird. Des Nachbars Kabel wird dann einfach am scheinbar defekten Steckplatz festgemacht, in der Hoffnung, er beherrsche die Landessprache und könne sich erfolgreicher wehren.

"Mama, das WLAN ist voll Scheisse. Ich kann nicht mal Instagram empfangen und Youtube geht auch nicht." Die Tochter krümelt sich beleidigt auf einen Liegestuhl und zieht ein Regenwettergesicht. Die Kleinere muss auf die Toilette und der Sohn hat Hunger. Dieses Schauspiel wiederholt sich Tag für Tag, am Strand wie beim Wohnwagen.

Es gibt keinen Unterschied ob die Familie am traditionellen Wochenmarkt im Dorf, in einem Restaurant oder beim Minigolf ist. Das Verhaltensmuster ist jahrelang eingeübt, schliesslich geht man immer wieder gerne campen. Es ist doch toll, dem Alltagsstress zu entfliehen und einmal fremde Länder zu sehen. Hauptsache man spricht unsere Sprache und das WLAN funktioniert einwandfrei. Die Familie reserviert ihren Stellplatz bereits für das nächste Jahr, so wie es auch die temporären Nachbarn tun. Man kennt sich, der Campingplatz wird zur vertrauten Umgebung, zur Routineerholung.

"Schade, müssen wir schon wieder abreisen. Es war so schön hier. Wir freuen uns schon auf nächstes Jahr." Die Ausrüstung wird abgebaut, sandig und schmutzig eingepackt. Zuhause wird die Mutter alles fein säuberlich reinigen und für nächstes Jahr bereitlegen, während der Vater endlich wieder Fussball schauen kann. Schliesslich hat er der Familie die Abenteuer ermöglicht. Schliesslich ist er hunderte von Kilometern gefahren und hat den Stau gemeistert.

Gute Erholung im Urlaub! Campingferien sind toll und eines der Kinder muss bestimmt auf die Toilette.

Caramel

600 Gramm Zucker, 5 dl Vollrahm, 2 dl Milch und etwas Wasser. Dazu viel Geduld, eine Prise Liebe, 1 Laptop, 1 süsser Film und etwas Weisswein.

Süsser Duft von leicht gebranntem Zucker vermischt mit kochendem Rahm. Es riecht deutlich nach Weihnachten. Vor vielen Jahren hat mein Vater mich dieses Rezept gelehrt und seither pflege ich die Tradition jedes Jahr um die selbe Zeit wieder. Aus einigen wenigen Säcklein sind mittlerweile viele Geschenke geworden, welche ich unter Freunden verteilen kann.

Mit grosser Vorfreude lege ich behutsam alles bereit. Das Blech mit einem Backtrennpapier versehen, ein kleines Käsemesser, eine flache Bratkelle, das Glas mit Wasser, den Becher Weisswein. Dann schalte ich den Laptop ein und starte den Film. Zur altbekannten Einleitungsmusik der amerikanischen Filmgesellschaft schütte ich den Zucker in die Pfanne. Danach gebe ich den Rahm und die Milch dazu. Eine erste Nase voll gerochen zeigt mir: Ich bin auf dem richtigen Weg.

Auf dem Bildschirm heult die eine Frau gewaltig währenddessen die andere gar nicht heulen kann. Ich schalte den Kochherd ein und beginne zu rühren. Die nächsten fast 60 Minuten werde ich nichts anderes tun als rühren und ab und zu etwas weinen oder einen Schluck Wein nehmen.

Spannend ist es nicht wirklich, das Kochen von Caramel. Deshalb der Film, damit die Rührerei nicht allzu öde werden kann. Die beiden Hauptdarstellerinnen haben beschlossen, ihre Häuser über die Weihnachtszeit zu tauschen. Ich tausche bloss mal die Hand. Links rühren anstatt rechts. Die Flüssigkeit in der Pfanne kommt hoch, sinkt ab, kommt hoch, sinkt ab - ständig im gleichen blassgelben Farbton vor sich hin köchelnd. Nach und nach gebe ich etwas von dem Weisswein in den Koch hinein.

Während die beiden inzwischen zu Freundinnen avancierten Hauptdarstellerinnen beide ihre grosse Liebe finden, fliesst auch sehr viel Liebe in die langsam dunkler werdende Zuckermasse. Der Duft von Karamell füllt verlockend die Küche und strömt unsichtbar ins ganze

Haus. Mit innerer Ruhe und weihnachtlicher Stimmung warte ich auf den richtigen Moment, die Zuckermasse kratzt leicht am heissen Pfannenrand.

Nun wird es ganz kurz hektisch, der Santa Anna, ein warmer Wind in Kalifornien, stürmt auf. Die Masse steigt ein letztes Mal hoch. Dann giesse ich sie auf das vorbereitete Blech, streiche sie flach und schneide sie noch heiss in mundgerechte Stücke.

Schon jetzt freue ich mich darauf, meinen liebsten damit eine süsse Freude zu bereiten. Frohe Adventszeit und viel Liebe euch allen!

Coiffeur

Haare schneiden ist eine einfache Sache: Schnittlänge einstellen, Maschine starten, über den Kopf fahren, fertig. Die Sache zu einem Abenteuer, einer Reise, werden zu lassen, das gelingt nur dir. Alles beginnt bei deinen Augen. Sie sind wach, braun, wunderschön. Schaust du mich an, schmelze ich wie ein Schneemann im Sommer. Ich setze mich auf den Stuhl und bin in einer anderen Welt, irgendwie verzaubert. Voller Vertrauen gebe ich mich in deine warmen und beruhigenden Hände. Wenn sie durch meine Haare streifen, fühlt es sich an wie Streicheln und wenn ich könnte, würde ich schnurren wie wie Kater auf dem Kachelofen. Ich kann dir meinen Kopf anvertrauen, du hältst ihn sicher und warm. Dann und wann nehme ich einen Schluck Kaffee.

Schön gemäss Klischee beginnen wir den üblichen Coiffeuren-Smalltalk. Je länger wir sprechen, desto mehr bewegt sich unser Gespräch in Richtung Schäkern. Wir lachen dezent und trotzdem wärmend. Dazwischen begegnen sich unsere Augen und ich bin, zwischen zwei Schluck Kaffee, wieder ganz Schneemann. Ich geniesse deine Nähe, habe zudem das Gefühl, dir gehe es ebenso. Wellness kann so entspannend sein! Wir beginnen eine Reise in die Welt der Gefühle. Jede Berührung bringt uns an einen anderen, noch unbekannten Ort. Es geht auf und ab, wie eine Achterbahn, es wird heiss und kalt. "Nun darfst du zu mir blicken." - Nichts täte ich im Moment lieber als das. Bitte lass mich so, stundenlang. Du arbeitest sehr genau, suchst jedes abstehende Härchen und gibst alles dafür, mich gut aussehen zu lassen.

Haare waschen. Kreisende Bewegungen deiner feinfühligen Hände über meinen Kopf. Sanfte Massage, die Energie perlt den Rücken entlang bis ganz runter zu den Füssen. Es prickelt wohltuend durch meinen Körper. "Je ne parle pas coiffeur, aber bitte sprich weiter!" Dazu strömt ein angenehmer Duft in meine Nase und ich vermag nicht zu sagen, ob das Shampoo oder du besser riechen. Zwischendurch nehme ich einen Schluck Kaffee.

Viel zu schnell ist die Stunde vorbei, meine Haare wieder kurz und deine Arbeit vollendet. Ein letztes Mal treffen sich unsere Augen und lassen die Energie fliessen, dann ist die Reise vorbei. Ich fühle mich wie neu geboren, schwebe über den Asphalt und gleite tiefenentspannt meinen Tagesaufgaben entgegen. Vielen Dank für deine Oase, vielen Dank für unsere Reise.

Ich hoffe, meine Haare wachsen schnell, damit ich möglichst bald wieder mit dir verreisen kann. Wie schon gesagt: Haare schneiden ist eine einfache Sache.

Corona

Die westliche Arroganz ist grenzenlos. Es sei eine Seuche, da irgendwo im Osten, in China glaube man. Von der Ernährung komme sie, die Chinesen essen sowieso lebendige Echsen und Insekten, wen wundert's. Dort in Asien, da sei es mit der Hygiene nicht so gut gelöst. Die lebten zu zehntausend in kleinen Wohnungen und hätten noch nicht einmal fliessend Wasser. Wen wundert's, wenn da eine Seuche ausbreche.

Die Natur steht über allem. Wir sind ein Teil der Natur. Unsere Geschichte, unsere Kultur, unsere westliche Arroganz lehrt uns etwas anderes. Wir seien Herrscher über die Natur - so steht es in vielen religiösen Büchern. In Büchern, welche von Menschen geschrieben wurden, die von Natur noch nicht mal einen Bruchteil verstanden hatten. Sie hätten wohl besser von den "Wilden" in Nordamerika oder Afrika abgeschaut, als sie zu versklaven oder abzuschlachten. Denn diese Urvölker hatten begriffen, ein Teil der Natur zu sein, ein Teil eines grösseren Ganzen.

Wir nannten die neue Seuche dann auch "Wuhan-Seuche". Es ist aber keine Seuche, es ist ein Virus. Es ist auch nicht ein Wuhan-Virus, sondern ein natürliches Virus, welches Menschen befällt und sterben lässt. Der Mensch ist ein dankbares Opfer für Jäger und Viren. Keine Anpassungsfähigkeit, kaum Widerstand, keine Stärke, keine Schnelligkeit - bloss ein grosses Hirn, welches er nicht einmal zu nutzen weiss.

Seit die Menschen sesshaft geworden sind, bekämpfen und bekriegen sie sich gegenseitig wegen Dingen, welche ihnen noch nicht einmal gehören. Der Mensch denkt, er besässe die Welt. Er ist ein Teil von ihr. Sie hat vor ihm existiert und wie wird ihn überleben. Die christlich-westliche Kultur lehrt uns aber etwas anderes: Der Mensch ist das am höchsten entwickelte Lebewesen. Er (männlich - der Mensch) solle sich die Welt (und damit auch gleich die Weiblichkeit) Untertan machen. Was für ein Unsinn. Leider glauben Millionen von Menschen seit Hunderten von Jahren an diese männlich formulierten Gesetze. Sie führen deswegen Kriege, sie töten und verurteilen Menschen, sie verprügeln Frauen.

Doch dann kommt Corona. Unsere westliche Welt ist schon seit Jahrhunderten auf der Sklavenarbeit aus Afrika oder Asien aufgebaut. Nun werden mit den billigen Stoffen und Techniken eben auch Viren verschifft. Die Natur nutzt die Einfältigkeit der Menschen zu ihren Gunsten. Der Mensch liefert seinen Todbringer gratis in alle seine Festungen. Der Geldgier erlegen, überprüft er nicht einmal seine eigenen Schwachstellen - er schiebt die Schuld auf seine Sklaven, auf die Menschen zweiter Klasse. Die Natur kennt ihn gut, den Menschen. Denn sie hat ihn erschaffen, gedeihen lassen. Sie erkennt ihren Irrtum und schickt den Tod, bevor es zu spät ist.

Corona. "Bleiben Sie jetzt zuhause." Keinen Sozialkontakt mehr - aber die internationalen (Geld bringenden) Container dürfen immer noch einlaufen... Flugzeuge fliegen leer, damit sie die (Geld bringenden) Fluglizenzen nicht verlieren. Ansammlungen von mehr als hundert Menschen sind verboten - es sei denn zu wirtschaftlichen Zwecken wie dem WEF oder anderen wichtigen Gründen. Leben ist nicht biologisch, es ist finanziell. Corona (wie die Seuche nun offiziell heisst) bringt uns zurück auf den Boden. Wir werden uns wieder unserer eigenen Verletzlichkeit bewusst. Und das ist nicht einmal schlecht. Plötzlich wird die Unsicherheit der selbstherrlichen Regierungen sichtbar. Plötzlich suchen Präsidenten einen physischen Feind anstatt einfach zuzugeben, sich in der Gefährlichkeit eines biologisch natürlichen Virus getäuscht zu haben. Sich täuschen heisst schwach sein - und kein männlicher Präsident dieser Welt kann das eingestehen. Schliesslich hängt die Wirtschaft davon ab. Schliesslich baut unsere Finanzwelt darauf auf.

Und wenn es um Geld gar nicht geht? Was, wenn die Natur mit Geld gar nichts zu tun hat? Was, wenn die Natur uns Corona geschickt hat, um mal wieder darüber nachzudenken, wem wir unser Dasein verdanken?

Manch einer mag in dieser Zeit etwas über den Sinn der Wirtschaft, über den Sinn des Geldes und den Wahnsinn unserer Gesellschaft nachgedacht haben. Wenige aber werden sich daran erinnern, wenn ein westlicher Impfstoff gegen das Virus gefunden wird. Die westlichen Menschen werden sich impfen lassen. Reiche Menschen werden sich das Leben erkaufen. Das Leben wird zum Handelsgut werden. Hast du Geld, lebst du im Westen - dann kann dir kein Virus etwas anhaben. Wir haben Impfstoffe, wir haben Hygiene, wir haben Luxus. Kein Virus aus dem unterentwickelten Osten oder dem ignoranten Afrika kann uns etwas anhaben. Grenzen werden geschlossen, Einlass nur für geimpfte.

Was, wenn wir stattdessen einsehen würde, dass die Menschen alle gleich sind, egal wo sie leben? Was, wenn wir stattdessen unseren Reichtum dafür verwenden würden, das Leben für alle Lebewesen gerecht zu gestalten, das Geld abschaffen würden und dafür eine lebenswerte Welt aufbauten? - Die Natur wird uns den Weg zeigen, den wir gehen müssen, damit sie überlebt - mit oder ohne uns.

Der Influencer aus Nazareth

Neulich stand unter genau diesem Titel ein genialer Text in der Zeitung. Darin ging es um einen, für das treue Christenherz gewagten, Vergleich zwischen einer berühmten Influencerin und Jesus Christus. Okay, was wir von traditioneller Bilddarstellung der nicht fundamentalen Christen wissen, wird Jesus rein optisch gegenüber der Schönheit wohl verlieren, zumindest bei den männlichen Urteilen. Obwohl er deutlich natürlicher wirkt, so ohne Botox. Eigentlich kriegt man das Gefühl, Jesus wirkt echter als eine Fleisch gewordene Barbie.

Das macht dann irgendwie schon nachdenklich. Hmm, zwei Milliarden Follower ohne Titten und ohne Botox? Wie soll das gehen, zumal zu einer Zeit, da die Optik noch keinen entscheidenden Einfluss auf die Anzahl Fans hatte. Der Kerl musste wohl andere Werte haben.

Vielleicht hat er seine Fans bestochen. Das tun doch alle einflussreichen Politiker und Führer. Geld war aber damals noch keine so starke Religion wie heute. Fällt also weg. Fake News? Das könnte auch funktionieren. Schliesslich glauben die Menschen seit jeher alles, wenn man es ihnen nur glaubhaft genug darstellt. Im Falle von Jesus aber können wir diesen Einfluss auch streichen. Die Geschichten um ihn, egal ob wahr oder nicht, stammen allesamt nicht von ihm selbst. Zwei Milliarden Follower ohne all die schönen Gadgets, die wir heute nutzen können. Wenn man so darüber nachdenkt, kann man eigentlich nur zu einem Schluss kommen: Der Kerl war gut!

Spätestens jetzt kommt die Magie ins Spiel. Jesus hatte Magie. Denken wir dabei aber nicht an irgend einen Hokuspokus, sondern an die Gabe, andere Menschen positiv zu beeinflussen. Jesus hat als Mensch nichts anderes getan, als seine Haltung und seine Einstellung konsequent zu leben. Dadurch hat er andere Menschen, welche ihn kannten oder ihn sahen, beeinflusst. Die Menschen sahen seine guten und wohlwollenden Taten und folgten ihm. Sie liessen sich anstecken und erhofften sich von ähnlichem Verhalten eine Verbesserung ihrer damals ärmlichen Lebenssituation. Jesus handelte nicht so, weil er Follower wollte. Nein, er hatte Follower, weil er so handelte. Hier liegt wohl der grösste Unterschied zu heutigen Influencerin. Jesus dachte nie an Profit oder an seine eigene

Popularität. Er tat ganz einfach nur das, was ihm seine jüdisch beeinflusste Einstellung, was ihm sein Glauben vorgab.

Die ersten Menschen, welche darin Gutes erkannten, waren die echten Follower. Die späteren Trittbrettfahrer, welche daraus eine finanzwirtschaftlich organisierte Kirche gründeten, haben den wahren Sinn seiner Handlungen nicht erkannt. Aus dem guten Menschen Jesus wurde das Markenprodukt Christus. Diese Marke funktioniert bis heute gut. Abgesehen von Milliarden fehlgeleiteter oder betrogener Fans fliessen auch Milliarden von Euro oder Dollar. Die Vermarktung des Namens Christus ist seit tausenden von Jahren ein lukratives Geschäft. In seinem Namen wird Geld verdient, werden Menschen eingeschüchtert oder ermordet. Wichtigstes Mantra ist schon lange nicht mehr, dass es den Menschen gut geht, sondern dass die Kirche Geld verdient und politische Macht hat.

Das Problem dabei ist: Hätte Jesus gewusst, was aus seinem Namen gemacht wird - er hätte genau gleich gehandelt. Jesus handelte nicht für die Folgen, sondern die guten Folgen gründeten auf seinen Handlungen. Einen kurzen Moment lang konnte er Gutes bewirken. So lange, bis die männliche Kirche daran Geld verdienen wollte.

Wer sich heute auf die Handlungen Jesu reduziert, wer heute die Einfachheit seiner Einstellung und seiner Art erkennt, der hat begriffen, was Menschlichkeit wirklich bedeutet. Genau das will der eingangs erwähnte Artikel in der Zeitung vermitteln. Nicht mehr aber auch nicht weniger. Nichts an dem Text war respektlos, bloss eine moderne Sicht der uralten Wahrheit. Und dennoch folgten Mengen von empörten Leserbriefen, postwendend. Eigentlich schade, dass so wenig vom Guten begriffen wird.

Der Schmetterling

Man sagt, man merke erst dann, wenn etwas nicht mehr da sei, wie sehr man es möge. Was für Sachen gilt, kann ebenso gut auf Menschen übertragen werden. Du bist mein Sonnenschein. Wie ein Schmetterling entfaltest du beim ersten Sonnenstrahl deine bunten Flügel, flatterst erst keck in den Morgen hinein und fliegst dann richtig los. Du drehst deine Runden, entdeckst hier eine neue Blüte, die verführerisch nach Nektar riecht oder dort einen Schmetterlingskollegen, welcher dich zu einem Wettfliegen überreden will. Du lebst sorglos und verbreitest gute Laune, wo immer du auch auftauchst. Dich zu kennen, dich täglich zu sehen, macht meinen Tag bunter und fröhlicher. Auf magische Weise überträgt sich deine Lebensfreude auf andere. Dadurch machst du das Leben leichter und gibst grossen Sorgen keine Chance. Wann immer ich eine schwere Last zu tragen habe, denke ich an dich. Dein Bild in meinem Kopf hilft mir, die Last nicht so schwer zu nehmen und Belastungen zu ertragen.

Ich möchte mehr von deiner Leichtigkeit haben. Deine Fröhlichkeit ist ansteckend. Sie ist wie ein Parfüm, dessen Duft sich in einem ganzen Raum ausbreiten kann. Bloss, dass dein Duft weit mehr ist als ein simpler Reiz der Nase. Dein Duft ist Stimmung, dein Duft ist Gefühl, dein Duft ist Herz. In deiner Gegenwart kann ich unmöglich schlecht gelaunt oder traurig sein. Wie von einem Zaubertrank wird meine Lebensenergie geweckt und malt meine Seele bunt. So kann ich jeden Tag ganz einfach durchstehen und geniessen. Die Tagesmelodie mit dir ist immer in Dur, es werden nur gute Töne verwendet. Die trüben und traurigen Töne der Moll-Welt haben in deiner Gegenwart ausgeklungen und verstummen. So tanzen wir durch den Tag, freuen uns an der Sonne, selbst wenn diese durch Wolken verdeckt erscheint, immer im Wissen, dass sie ja trotzdem da ist.

Mein Schmetterling, was betrübt dich? Du wirkst traurig, deine Flügel verlieren an Farbe und Leuchtkraft. Wo ist das kecke Flattern am Morgen? Riechst du den Nektar der Blüten nicht? Er ist immer noch da und wartet darauf, von dir aufgesogen zu werden. Spürst du nicht die

Thermik, den schwachen Wind, der dich zu hohen Baumwipfeln trägt und dich mit in die Welt nimmt? Was immer dich dieser Energie beraubt hat, ich will es zerstören. Ich will es zertreten und werde zur Lawine; ich will es wegpusten und werde zum Orkan. Es soll weg von dir, damit du deine Energie wieder entfalten kannst. Erinnere dich an deine eigene Fröhlichkeit, an deinen Schalk. Sei wieder keck, frech und tanze mit dem Wind. Freue dich wieder über alles, was dir begegnet und weine den Scheusslichkeiten der Welt keine Tränen nach. Deine Flügel sind nicht mit Wasserfarbe bemalt, welche durch Tränen oder den Regen, in dem du stehst, weggewaschen werden kann. Du bist farbig, da wird gar nichts trüb werden. Du selbst bist die Farbe, welche andere bemalen darf. Drum denk immer, wenn es dir schlecht geht, an dich selbst. Sehe dich fliegen, sehe dich tanzen und höre dich lachen.

Ich mache das schon lange so - seit ich dich kennenlernen durfte. Durch dich ist meine Welt eine positivere geworden und das wird immer so sein. Du fehlst mir sehr. Aber auch wenn ich dich heute nicht mehr jeden Morgen sehen kann, hilft mir schon allein die Erinnerung an unsere gute Zeit durch meinen Alltag. So wie du mir Fröhlichkeit schenkst, so will ich dir eine Stütze sein, dich halten, dich tragen, wenn der Wind dich zu Boden schlägt. Mein kleiner bunter Schmetterling, entfalte deine gemusterten Flügel. Flieg hinaus in die Welt und verbreite die Fröhlichkeit, welche du in dir trägst.

Die heutige Jugend

«Die Welt macht schlimme Zeiten durch. Die jungen Leute von heute denken an nichts anderes als an sich selbst. Sie haben keine Ehrfurcht vor ihren Eltern oder dem Alter. Sie sind ungeduldig und unbeherrscht. Sie reden so, als wüssten sie alles, und was wir für weise halten, empfinden sie als Torheit. Und was die Mädchen betrifft, sie sind unbescheiden und unweiblich in ihrer Ausdrucksweise, ihrem Benehmen und ihrer Kleidung.»

Dieses Zitat stammt nicht etwa aus einer heutigen Tageszeitung, sondern aus dem Jahr 1274 nach Christus. Es lassen sich ähnliche Zitate finden, welche bis 3000 vor Christus zurück reichen. Ich denke, genau darin liegt doch das Wesen der Jugend. Veränderung hält jung, sagt man. Falls das stimmt, so ist jung also gleichbedeutend mit Veränderung. Dass die älteren unter uns das nicht immer verstehen können, ist nachvollziehbar. Denn ihre Welt war eine andere.

«Keine Ehrfurcht» nenne ich keck. Die Jugendlichen lernen die Werke und Taten ihrer Eltern sehr wohl kennen. Wir erziehen unsere nachfolgende Generation aber auch dazu, selbständig zu denken. Dann sollten wir ihnen dies auf keinen Fall verbieten, auch wenn sie nicht in die gleiche Richtung denken, wie wir uns das vorstellen. Die Jugend soll hinterfragen, sie soll kritisch sein und die gesellschaftlichen Strukturen verändern. Grosse Errungenschaften werden meist erst dann als solche wahrgenommen, wenn die Welt darum herum sich verändert hat.

Ungeduldig nenne ich tatkräftig. Nichts in der Geschichte hat sich jemals getan, ohne dass jemand voller Passion und Glaube an Erfolg seine Ziele verfolgt hat. Die Jugendlichen freuen sich an den Errungenschaften ihrer Eltern. Sie wollen sich jedoch weiter bewegen. Sie wollen aktiv sein, ganz im Sinne ihrer Eltern. Wer mag schon ein Kind, welches nur ehrfürchtig und phlegmatisch zuhause sitzt, nichts tut als zusammengekauert in der Ecke zu sitzen und die grossen Taten der Eltern rühmen? Sie sollen aktiv sein, sollen Fehler machen und lernen, diese als Fehler zu erkennen und bessere Wege zu finden.

Unbeherrscht nenne ich mutig. Es braucht Mut, anders zu sein. Man riskiert, als Dummkopf verspottet zu werden. Junge Menschen entdecken ihre Kraft und wollen damit etwas anfangen. Sie messen sich, sie loten ihre Grenzen aus. Man kann eine Grenze erst erfahren, wenn man sie einmal überschreitet. Ohne diese Unbeherrschtheit lernen die Jugendlichen nicht, was Demut oder Beherrschtheit bedeuten.

Seit jeher ist es demnach nur logisch, dass die Jugendlichen vor allem an sich denken - die Zukunft gehört ihnen und sie wollen diese mitgestalten. Liebe Jugendliche, wir schenken euch die Welt. Macht was draus! Wir alten werden euch begleiten und mit Rat zur Seite stehen, falls ihr nicht mehr weiter wisst.

Die kleine Hexe

Hexe sein ist auch in einer modernen Welt nicht ausgeschlossen. Da ist eine ganz normale Oberstufenklasse, bestehend aus all den gewöhnlichen Jugendlichen, welche es in jeder Klasse hat: den Aufschneider, den Besserwisser, den Supersportler, die Schönheit, das Mauerblümchen, den Sonnenschein, die Arbeitsbiene, den Esel und die Ziege. In dieser Klasse hat es aber auch eine Hexe. Nicht negativ gemeint, denn sie ist die wertvolle Zauberin im Hintergrund. Vordergründig ist sie die Partynudel, welche immer mal wieder mit ihrem ansteckenden Lachen auffällt.

Moderne Hexen reiten nicht mehr auf dem Besenstiel. Sie fahren Mofa. Unser Hexlein hat bereits einen solchen Feuerstuhl, darf aber noch nicht damit herumfahren. Sie kann vieles, aber ihr Alter künstlich erhöhen, das gelingt ihr dann doch nicht. Sie nimmt's gelassen und schraubt inzwischen ihren fahrbaren Untersatz auseinander. Was für ein Mädchen ist das denn, das sich in ihrer Freizeit nicht mit Pferden sondern mit Pferdestärken auseinandersetzt? Hexlein will ihr Mofa rot lackiert haben, Feuerrot am liebsten. Damit es nicht so auffällt, dass sie eigentlich eine Hexe ist, macht sie aktiv bei der Feuerbekämpfung mit.

Was aber ist mit der oft beschriebenen Zauberkunst einer Hexe? Ist die auch noch da? - Und wie! Hexlein zaubert aus so mancher ernsten Situation eine Komödie. Sie verzaubert erzürnte Lehrer und entlockt ihnen dann ein versöhnliches Lächeln. Immer wenn Hexlein etwas organisieren muss, geht dies wie von Zauberhand schnell und zuverlässig. Es ist, als ob sie unsichtbare Kobolde organisieren kann, welche ihr bei ihrer Aufgabe helfen.

Als Lehrer wünscht man sich möglichst viele solche Hexleins in der Klasse. Jede Aufgabe, die man ihnen gibt, wird zuverlässig und schnell ausgeführt. Sehr selten muss man nachprüfen, ob denn am Schluss auch alles wieder an seinem Platz aufgeräumt ist. Sie sind da sehr pflichtbewusst.

Wie jede Hexe kann aber auch unser kleines Hexlein Gift versprühen. Wehe dem, der in den Giftstrahl tritt. Getroffen und verletzt wird man unweigerlich in die Knie gezwungen und wagt nicht mehr, sich gegen diese Hexe zu sträuben. Ich bin irgendwie immun gegen Hexengift, denn ich habe in meinem Leben schon derart viel davon eingefangen, dass ich ein Gegenmittel entwickeln konnte. Drum sage ich dir als dein Hexenmeister: Sei vorsichtig, welche Geister du rufst. Rufe keine Geister, die du nicht mehr los wirst; werde nicht zu Goethes Zauberlehrling. Achte darauf, dass niemand ernsthaft verletzt wird. Hinterlasse keinen Pfad von Leichen, du bist kein schiesswütiger Cowboy, sondern eine charmante kleine Hexe. Nutze deine Gabe um Gutes zu tun. Gutes für dich und Gutes für die anderen. Sie werden es dir mit Freundschaft und Liebe danken.

Du wirst erkennen, dass Hexe sein in unserer modernen Welt nicht ausgeschlossen, sondern wichtiger denn je ist. Wer weiss, vielleicht sehe ich dich eines Tages auf deinem metallic-rot lackierten Feuerstuhl vorbei donnern und folge deinem Zweitakt-Schweif. Dann denke ich mir: Wow, diese Hexe ist cool. Da zieht sie hin um Gutes zu tun. Und irgendwo in ihrer Vergangenheit habe ich vielleicht ein klein wenig dazu beitragen können, ihren Weg mitzubestimmen. Und dabei bin ich stolz auf dich. Du bist ein guter Mensch, aber du bist eine noch viel bessere kleine Hexe. Also nimm deine ganze Zauberkraft und schenke der Welt dein ansteckendes Lachen. Sie werden es dir danken.

Die Reise zu dir

Es hätte eine Reise mit dir werden können. Ich fahre, Südfrankreich mein Ziel. Candys Beifahrersitz ist leer geblieben. Es hat wenig Verkehr, die Strasse zieht mich Richtung Süden. Es ist wie damals im alten Citroën. Die Autoroute du Soleil hat nichts von ihrem Charme eingebüsst. Lange vor Montélimar rieche ich bereits das Nougat. Weisst du noch? Nougat zwischen den Zähnen, lange Küsse unter Pinien, auf der Slackline neben dem alten T2? Nichts hat eine Rolle gespielt, ausser dem Lavendel im Hinterland von Avignon.

Heute ist der T2 einem modernen T6, der rot-weissen Cnady, gewichen. Dein Bild, deine Stimme und dein Geruch sind die gleichen. Sie begleiten mich, sonderbar durchmischt von anderen Bildern und Gerüchen. Du verblasst langsam und das macht mir Angst. Eine Freundin hat kürzlich zu mir gesagt, das sei voll in Ordnung. Ich solle los lassen, dich sowie auch mich.

Nirgends bin ich dir näher als in der Provence. Das war unser Ding. Damals haben wir beschlossen, uns einen alten VW anzuschaffen. Den habe ich nun und von dir ist mir bloss die Erinnerung geblieben. Je mehr ich an der Landschaft schnuppere, desto mehr merke ich, dass in dem "du" hier weit mehr steckt. Wer bist du? Einmal sind deine Augen einfach nur schön braun, nur um schlussendlich blau wie das Meer zu blinken. Alles was Erinnerung ist, das bist du, das gehört zu den braunen Augen, dem dunklen Haar, der Slackline und den Brockenstuben von Isle sur la Sorgue. Der alte T2 ist braun wie deine Augen. Dazu der Geruch von frischem Lavendel, Rosmarin und Thymian. Sie sind hier im Süden Frankreichs allgegenwärtig. Dazu gesellt sich mehr und mehr das Salz der Camargue, es kommen die Pferde und die Flamingos dazu. Ich rieche den Fisch in Cassis.

Der leere Beifahrersitz gehört dann wohl dir, mit deinen schönen blauen Augen. Jede Küste, jede Stimmung am Meer erscheint mir einerseits bekannt und andererseits in einer tiefen Sehnsucht danach, was hätte sein können. Ich zeige dir die schönsten Orte Südfrankreichs, die ich kenne. Ich lasse einiges aus, aber wir müssen uns ja auch noch verbessern können. Seit ich dich kenne, reist du immer mit mir. Du bist da, obwohl der Sitz neben mir leer bleibt. Ich fühle dich, ich rieche dich und ich teile die schönsten Bilder mit dir. Bilder und Gerüche vermischen sich.

Und so lasse ich los. Ich befreie mich von lang vergangenen Tagen. Ich bewahre die Erinnerung daran tief in meinem Herzen. Die anderen Bilder, Töne und Gerüche werde ich ebenso einlagern müssen, im Wissen, dass sie nie werden sein dürfen. Candys Beifahrersitz wird immer leer bleiben. Die blauen Augen werden sich bloss im Meer oder entfernt am Horizont zeigen. Und dennoch bist du immer hier. Kein Tag vergeht, an welchem ich nicht an dich denke. Ich spüre deine Wärme. Oder wie hat die alte Zigeunerin damals in Saintes Maries gesagt: "Du hast jemanden geliebten aus der Familie verloren. Aber da ist eine andere Liebe in dir, welche du noch nicht zulassen kannst. Ich spüre, dass dich etwas stark beschäftigt. Stelle dich der Herausforderung und mache dich frei." Schon irgendwie beunruhigend, wie offen unsere Seele für manche Menschen ist. Seither trage ich Sara, die Schutzpatronin der Zigeuner bei mir. Sie hat mir gezeigt, dass du in meinem Herzen bist und ich dich weder zulassen noch loslassen kann.

Gefangen von dir geniesse ich jeden Tag meiner Reise zu dir. Ich fahre von einem schönen Ort zum nächsten, blicke aufs blaue und unendliche Meer hinaus und denke an dich. Der Beifahrersitz mag leer sein, ich aber sehe dich. Reisen mit dir ist einfach wunderbar - und das gilt dann wohl für euch beide.

Die Tänzerin

Tanzen. Rhythmus ist das ganze Leben. Sobald irgendwo Musik erklingt, gerät ihr Körper in Bewegung. Im Büro, in der Schule, im Zug, auf dem Gehsteig, im Supermarkt, im Wald. Ihr Körper übernimmt den Rhythmus der Musik, schwingt mit und trägt sie in eine andere Welt. Plötzlich ist nichts mehr wichtig. Sie schwebt in anderen Sphären und ist glücklich. Oftmals sitzt sie bei der Arbeit und beginnt sich zu einer Musik zu bewegen, welche nur sie hören kann, welche in ihrem Kopf erklingt. Ihre Mitarbeiter schauen sie verstohlen an und fragen sich, was das soll. Sie können nicht verstehen, was ihr die Musik bedeutet. Über ihr Gesicht huscht ein charmantes, schelmisches Lächeln.

Als ungeborenes Menschlein hat sie den Herzschlag ihrer Mutter als rhythmischen Bass wahrgenommen und sich dadurch die Musik eingesogen. Seither lässt es sie nicht mehr los. Ihre eigene Babymusik hat die Eltern ach so einige Male an den Rand der Verzweiflung getrieben. Sie aber wunderte sich bloss: "Warum tanzen sie nicht? Ich singe doch so schön." Als Kind ging das schon einfacher, denn sie konnte die Eltern mit Worten zum Mitmachen motivieren. Die tanzende Teenagerin schliesslich heimst sich mit ihren Bewegungen während den öden Mathestunden ihren Übernamen ein - aber das stört sie nicht, denn tanzen beruhigt. Tanzen ist Medizin. Es heilt Nerven, reinigt den Körper und die Seele. Tanzen hilft bei der Konzentration.

Die Tänzerin lässt sich durch nichts stören, gleitet in ihre eigene Welt und verzaubert mit ihrem Lächeln und ihrem Tanz die Umgebung. Damit wird sie ein Teil der Musik, ein Teil der Heilkraft. Sie ist die Tänzerin, eine Botschafterin der Freude, der Liebe und der Menschlichkeit, der Anmut. Sie holt Menschen aus deren trostlosen Umgebung und zeigt ihnen einen einfachen, fröhlichen Weg. Sie nimmt weder sich noch ihre Umwelt ernst und fragt sich: "Warum tanzen sie nicht?"

Manchmal möchte ich wie sie sein. Alles vergessen. Musik in die Ohren und lostanzen. Den ganzen Frust und Druck der Welt einfach wegtanzen. Amerikanische Politiker haben jüngst versucht, eine Parlamentarierin schlecht zu machen, nur weil sie öffentlich getanzt hat. Man fühlt sich im Buch 1984, tanzen und Freude verboten, Big Brother überall. Eine Welt, die nicht mehr tanzt, ist eine trostlose, freudlose Welt. Aber die Mächtigen unseres Planeten verstehen das nicht. In vielen Ländern ist Tanzen vergessen gegangen. Als Rhythmus gilt allein das Klingeln der Kasse. Die sogenannte erste Welt ist ziemlich hilflos, wenn man die unbeholfenen Bewegungen der steifen Financiers mit den freudigen Tänzen der Bauern in Afrika vergleicht. Oft wäre es wohl besser, an einer Sitzung zuerst zu tanzen, bevor man sich wieder den Geschäften widmet.

Das Leben ist ein Tanz. Die Kunst besteht darin, den Rhythmus zu bestimmen und die Choreo festzulegen. Je weniger Vorgaben dabei eingehalten werden, desto fröhlicher und bunter wird der Lebenstanz. Ein freudiger und glücklicher Tanz mit interessanten Menschen, zur Feier des Lebens. Und ganz plötzlich beginnst du mitten an der Arbeit mit den Füssen zu scharren, mit den Hüften zu wippen, die Schultern zu bewegen, mit dem Kopf zu nicken. Wenn du dabei die fragenden Blicke deiner Mitarbeiter siehst, dann lächle, wie die Tänzerin. Sie hat verstanden, worum es wirklich geht. Sie nimmt dich an der Hand und tanzt mit dir einmal ans Ende der Welt und zurück.

Dreizehn

Soviel gleich vornweg: Ich bin nicht abergläubisch. Ich gratuliere aus freiem Willen nicht vor dem Geburtstag, ich öffne keinen Schirm im Haus, weil es dort nicht regnet und ich mag keine schwarzen Katzen, weil sie meinen Garten... - aber lassen wir das. Dreizehn, hmm, in Deutsch die erste Zahl, die aus zwei Ziffern zusammengesetzt wird. Die erste Zahl nach dem vollen Dutzend. Lange Zeit war in unserer Zivilisation einiges zwölfteilig, bevor dann das Dezimalsystem als Grundeinheit für Gewichte, Volumen und Längen festgelegt wurde. Dreizehn war demnach überzählig. In Dornröschen ist es denn auch die dreizehnte "gute Fee", welche den Fluch über die Prinzessin ausspricht. Geht man dem Ursprung der westlichen Unglückszahl nach, erfährt man viele interessante Theorien, aber keine Lösung. Der Gedanke an Ungemach, Böses oder gar Teuflisches im Zusammenhang mit einer Zahl gefällt mir irgendwie. Unsere moderne, aufgeklärte, der Wissenschaft verschriebene Welt weiss alles. Und was man nicht weiss, findet man bei Google. Es gibt keine Geheimnisse mehr. Aber es gibt bei vielen Fluggesellschaften auch keine dreizehnte Sitzreihe. Der Mensch ist halt eben doch nur ein Mensch und keine auf Algorithmen beruhende biomechanische Maschine. Wir neigen zu Unvernunft und genau das macht uns irgendwie einzigartig. Wer will denn schon immer vernünftig sein. Das wäre ja langweilig, wenn die Fantasie und der Spuk nicht mehr da wären. Somit beende ich meinen Text heute mit dreizehn Zeilen. Zum Glück ist nicht Freitag!

Anmerkung: Die dreizehn Zeilen beziehen sich auf eine Seite A4. Wollte man das hier erreichen, müsste man den Text auf 6,5 Punkt verkleinern, wodurch ihn kaum mehr jemand lesen könnte.

Du, Jesus...Gratuliere zum Geburtstag!

(Ein Weihnachtstext)

Heute ist Weihnachten, das Fest der Liebe, dein Geburtstag. Gratuliere, die Menschen denken immer noch an dich, nach so vielen Jahren. Du scheinst sie wirklich beeindruckt zu haben, damals. In einer Krippe liegend von Fremden bestaunt und vom Ochsen angehaucht - hattest du keine Angst? Nirgends kann man lesen, du habest vor Angst in die Krippe gemacht. Ich glaube, du warst ein mutiges Kind, anders eben. Als du dann hast laufen können, warst du oft mit den Schafen spielen? Was hast du eigentlich gespielt? Dein irdischer Vater war ja Zimmermann, da denke ich mir, du hattest wohl jede Menge Holzspielsachen. Das war bestimmt toll mit deinen gleichaltrigen Kumpels. Sag, als Teenager zu deiner Zeit, habt ihr da auch mal im Versteckten geraucht? Hattest du einmal Stubenarrest? In deiner aufgeschriebenen Geschichte steht nichts darüber, als wärst du vom Neugeborenen direkt zum jungen Erwachsenen mutiert. Du hast dich bestimmt als Teenager verliebt, gib's zu. Einer, der so viel Gutes tut in seinem Leben, kennt die weibliche Seite der Menschen nur zu gut. Jemand, der so viel Liebe verbreitet, hat auch Liebe empfangen. Schade eigentlich, dass man nichts darüber lesen kann. Du hast damals die Bücher der Juden gekannt und versucht, danach zu leben. Dein himmlischer Vater hat dich dabei geleitet. Die Menschen um dich herum haben deine guten Taten gesehen und sich ihre Gedanken darüber gemacht. Einige deiner Mitmenschen haben deine Erlebnisse aufgeschrieben.

Viel zu früh haben missgünstige, machthungrige Menschen deinem jungen Leben ein Ende gemacht. Mit deinem Tod enden denn auch die aufgeschriebenen Geschichten rund um dich. Seit zweitausend Jahren lesen nun die Menschen deine Lebensgeschichte und versuchen, dich zu verstehen. Kurz nachdem du hast gehen müssen, begannen die Menschen in deinem Namen zu töten und zu herrschen. Zwei Dinge, welche dir völlig fremd waren. Du wolltest doch helfen, heilen, leiten, nicht herrschen, richten und foltern. Dir war es wichtig, die Menschen zu überzeugen, nicht sie mit Gewalt zu bekehren. Schade eigentlich, dass heute niemand mehr an dem Buch weiter schreibt, denn es geschehen auch heute noch wundersame Geschichten, ganz in deinem Sinne.

Was würdest du heute tun? Denkst du zwischendurch an uns hier? Schaust du manchmal hin oder erträgst du nicht, was wir Menschen aus deinen Ideen gemacht haben? Wo bist du? Ich erkenne dich in den feurigen Augen einer intelligenten Schönheit. Man liest über dich, wenn irgendwo auf der Welt Gutes geschieht. Du zeigst dich in barmherzigem Verhalten, in der Menschlichkeit. Du steckst in mir, wenn ich versuche, nach deinen Idealen zu leben. Wir Menschen neigen jedoch eher dazu, dem Geld und dem Ruhm zu folgen. Sogar rund um deinen Geburtstag. Glaubst du nicht? Dann geh mal am Vorweihnachtstag in ein Einkaufzentrum, da wirst du schon sehen, wie "Nächstenliebe" heute aussieht. Aber lass uns nicht jammern am Fest der Freude. Dass wir Menschen immer etwas länger brauchen, um zu verstehen, das weisst du ja schon lange.

Ich will dir danken dafür, dass du uns leitest und immer beistehst. Wir brauchen möglichst viel von deinem guten Verhalten, deiner Nächstenliebe und von deinem Mut, anders zu sein. Denn wir normale Menschen hätten in deiner Situation hoffnungslos in die Krippe gemacht. Gratuliere dir zum Geburtstag - besinnliche Weihnachten. Uns allen.

Eifersucht

"Die Eifersucht ist eine Leidenschaft, die mit Eifer sucht, was Leiden schafft."

Zitat je nach Quelle von Franz Grillparzer, Epigramme, 1830
oder Friedrich Schleiermacher, 1768-1834

Den Begriff Leidenschaft verbinden wir allgemein mit etwas Positivem. Die Frau sagt, sie gehe leidenschaftlich gerne wandern, zum Beispiel. In obigem Spruch aber wird die Leidenschaft negativ. Leidenschaft bedeutet, neutral betrachtet, etwas mit viel Energie, mit grossem Aufwand und ehrlicher Hingabe zu betreiben. Die Frau geht nicht nur gerne wandern, sie interessiert sich auch brennend für alle Neuigkeiten, welche einen interessanten Mann betreffen. Jedes kleine Detail ist wichtig. Einem Hurrikan gleich saugt sie jede noch so kleine Information ein, speichert alles in ihrem Kopf, wo beinah nur noch Platz für diesen einen Mann ist.

Dabei merkt sie nicht, dass sie sich selbst untreu wird. Sie tut Dinge bloss um zu gefallen oder um in seiner Nähe zu sein. Sie vernachlässigt ihre grundeigenen Wünsche, ihre Persönlichkeit. Jede andere Frau wird automatisch zur Rivalin, zu einer potentiellen Gefahr. Eine Frau, die ihm wohlgesinnt ist, nimmt sie als offene Gegnerin wahr. Dann entfaltet sie ihre ganze zerstörerische Kraft, dann wird der Hurrikan losgelassen. Im Unterschied zum Naturereignis sucht sie sich ihre Zerstörung ganz bewusst aus. Sie versucht auf allen Ebenen, ihre Rivalin auszuschalten. Zuerst vielleicht subtil, mit kleinen Anschuldigungen oder Sticheleien. Wenn sie damit nicht weiter kommt, dann wechselt sie zu Verleumdung oder offenem Streit. Sie will, dass ihre Gegnerin leidet. Ihr Eifer gilt fortan nicht mehr dem Drang, dem Mann zu gefallen, sondern dem Drang, die andere Frau von ihm wegzubringen.

Die Liebe kann man nicht steuern. Sie kommt, sie geht, sie beflügelt oder sie vernichtet. Eifersüchtige Menschen zerstören, erdrücken die Liebe mit ihrem dauernden Zweifel.

Man kann Liebe weder einsperren noch kontrollieren. Wenn aus Verlustangst krankhafte Kontrolle wird, schadet die Eifersucht allen beteiligten. Oftmals gehen dabei langjährig aufgebaute Beziehungen zu Bruch, gute Freundschaften werden zerstört. Doppelt schlimm wird es, wenn die eifersüchtige Frau nun auch ihre Familie oder ihre Freundinnen mit in den Eifer hineinzieht. Ein Netzwerk von Verbündeten sucht dann nach Möglichkeiten, die Gegnerin leiden zu lassen. Im Zentrum steht mit der Zeit schon längst nicht mehr der geliebte Mann sondern bloss noch das Feindbild der Rivalin. Wie die Redewendung sagt, wird nun mit viel Eifer nach Möglichkeiten gesucht, diese Gegnerin leiden zu lassen.

Leiden kann in einer solchen Situation nicht bloss eine Person. Die eifersüchtige Frau leidet auch, jedoch bemerkt sie es nicht. Durch ihren Übereifer vernachlässigt sie zuerst sich selbst, dann ihr Umfeld, ihre Familie. In extremen Fällen kann durch eine Eifersucht sogar eine vorerst nicht betroffene Familie zerstört werden. Zum Beispiel, wenn eine verheiratete Frau sich in einen anderen Mann verliebt hat und dort eine krankhafte Eifersucht aufbaut. Dabei wäre es doch so viel schöner, die Leidenschaft, die sie besitzt, positiv anzuwenden, innerhalb ihrer Familie, bei ihrem Mann oder gegebenenfalls auch in einer Affäre.

Menschen sind unteilbar, Individuen. Sie können weder besessen noch gesteuert werden. Menschen haben einen eigenen Willen und dieser soll ihnen in jeder Situation gewährt sein. Wenn zwei Menschen sich freiwillig einander nähern, sich freiwillig auf einen gemeinsamen Weg machen, wird ihnen das schönste geschehen, was möglich ist - Zuneigung und Liebe. Wenn dann aus Liebe auch noch Leidenschaft wird, ist ihr Glück vollkommen.

Einsamkeit

Eine unendlich scheinende Ebene umgibt mich, in deren Mitte ich stehe. Alles was kommen mag, kann ich lange vorher erkennen und doch erkenne ich nichts. Denn da ist nichts, das kommt. Keine Wolke am Horizont, der Himmel eine Langeweile aus tiefem Blau. Ein Blau, welches direkt aus ihren Augen kommen könnte. Doch ich sehe nichts. Kein Fahrzeug, das sich nähert, kein Tier, keinen Baum, bloss die Ebene und mich.

Ich kann gehen, wohin ich will. Die Ebene folgt mir auf Schritt und Tritt, sie umgibt mich weiterhin und ich bin der Hamster im Hamsterrad, aus einem mir unbekannten Grund dazu verdammt, auf dieser Ebene zu verweilen. Wäre die Ebene aus Wasser, so könnte ich wenigstens ertrinken. So aber stehe ich da, atme, rufe, schreie, lebe. Doch da ist nichts, das mich hört. Weder Mensch noch Ohr und meine Rufe verhallen in der Unendlichkeit der Ebene.

Es gibt Tage, da scheint die Ebene grün, riecht frisch und Hoffnung kommt auf, es könnte sich Leben zeigen. Dann aber gibt es wieder triste und schwarze Tage, an welchen die Ebene bloss eine undefinierbare Masse aus dunklem Sand und Geröll ist. Manchmal ist das unendliche Flach gelb, von einem seltsamen Licht. Doch wie auch immer sie sich gibt, welche Farbe, welchen Geruch oder welche Form sie auch annehmen könnte - es bleibt die gleiche Ebene und ich spüre sie: die Einsamkeit. In ganz trügerischen Momenten nimmt die Ebene die Form einer Menschenmasse von Konzertbesuchern an. Die Einsamkeit kann auch inmitten tausender Menschen sein, oftmals sogar grausamer als alleine auf meiner Ebenen. Wenn niemand um mich herum lacht und gesellig ist, dann spüre ich weniger stark, alleine zu sein. Ich sage mir, allein sein sei gut, doch das rede ich mir bloss ein, um ein Bild von Ruhe und Sicherheit vorzutäuschen. Seit du meine Hand losgelassen hast und einem anderen Weg gefolgt bist, stehe ich auf dieser Ebene und bin nicht in der Lage, ihr zu entrinnen.

Alles, was ich tu, ist eine Täuschung meiner selbst. Sogar das verliebt jugendliche Gefühl, das manchmal in mir glüht, ist nicht echt, wirkt wie Theaterblut auf der Bühne. Alles Echte, das wirkliche Leben, das hast du mitgenommen. Meine atmende Hülle steht da, der Geist erwacht nur langsam. Vier lange Jahre schon. Und noch immer scheint dein Gesicht in meinem Kopf, reizt dein Profumo meine Nase, klingt deine Stimme in meinen Ohren. Was habe ich getan?

Ich sehe gute Dinge, welche ich offenbar in diesen Jahren habe bewegen können. Ich sehe Liebe, welche vielleicht hätte sein können, ich sehe Liebe, welche nie hat sein dürfen, ich sehe mein gebrochenes Herz aber auch glückliche Gesichter. Wie in Trance lese ich Zeitungsberichte über einen offenbar guten Menschen. Ich begreife nicht, dass dieser Mensch ich sein könnte. Nur ganz vage erinnere ich mich an viele unterschiedliche Gefühle. Waren diese Gefühle echt? Ich weiss es nicht. Und solange ich das nicht weiss, so lange stehe ich auf meiner Ebene und blicke ins Nirgendwo. Ich bin einsam.

Doch es gibt Hoffnung. Die gute Freundin, welche mir wie zu Studentenzeiten mitten in der Nacht bei der zweiten Flasche Wein die Augen öffnet. Eine neutrale Stimme, welche durch die Ebene zu mir dringt und mir sagt, ich solle mich bewegen. Denn nur Bewegung bringt mich von dir weg.

Und ich begreife: Du bist meine Ebene, du hast mich einsam gemacht. Und so lasse ich deine Hand fallen. Ich schreie, rufe, atme, hebe den Fuss und gehe einfach los.

Er geht weg

Dreissig Jahre sind genug. Nun sitzt er da, gedankenverloren, mit der Realität konfrontiert. Der neue Arbeitsvertrag ist unterschrieben, in weniger als einem halben Jahr wird er diesen Ort verlassen. Den Ort, welchen er vor genau dreissig Jahren betreten hat. Die Schlüssel muss er abgeben. Alle privaten Dinge werden ausgeräumt werden. Das Schulzimmer wird ganz schön leer aussehen, ohne diese privaten Dinge! Noch einmal geht er durch die Anlage. Seine Gedanken kreisen um alles, was in den letzten dreissig Jahren hier passiert ist. Damals hatte er immer gesagt, er bleibe nur zehn Jahre - wie man sich doch irren kann. Er sieht sich noch einmal mit Schnauz im violetten Sportanzug in der neu eröffneten Dreifach-Turnhalle. Stolz, jung, stark - und guck ihn heute an: grau, dick, alt. Der Stolz ist immer noch da, die Kraft auch, aber die äussere Hülle hat sich stark verändert. Zum Schnauz aus den Neunzigern ist ein grauer Bart dazu gekommen, welcher sich sanft an die zahlreichen Falten legt.

Er erinnert sich an alles. An die verträumten Mädchen von damals, welche er hat abwimmeln, enttäuschen müssen. Nach und nach erscheinen denn auch die gefährlichen Momente in seinem Kopfkino. Noch einmal geniesst er sie und bereut keinen einzigen Augenblick. Die jungen Jahre waren ganz schön wild. Das Alter hat durchaus seine Vorzüge, findet er gelassen. Mann wird vernünftiger, auch wenn Frau das nicht immer so sieht.

Dreissig Jahre seines Lebens hängen an diesem Ort. Jedes Zimmer, welches er jemals benutzt hat, zeigt seine Spuren. Vier Lautsprecher, zahlreiche Tablare und Regale, Stromanschlüsse, wo keine sein sollten und deren Dinge mehr. Seine Zimmer waren immer zweckmässig komfortabel eingerichtet - auch ohne die attraktive Gemeinde und deren Erspartes. Wie hat sie sich doch verändert, diese Gemeinde. Die einstige politische Hochburg der SP hat sich ein V dazwischen verpasst und sich dadurch Sparsinn auf die Fahne geschrieben. Und die Schule erst! Aus einem kleinen Haufen von etwa fünfzehn Kolleginnen und Kollegen, welche sich ein verrauchtes, kleines Zimmerlein als Lehrerzimmer teilten, ist eine Bildungsinstitution mit grünen Ampeln als Gütezeichen und mehr als vierzig Lehrpersonen geworden. Der rektorale Leithammel ist einer professionellen Institutsleitung gewichen. Stundenpläne werden nach möglichen Positionen an den Beschäftigungspensen der Angestellten ausgerichtet, nicht mehr nach pädagogisch sinnvollen Abläufen. Ist es das, was er immer wollte, fragt er sich. In aller Ehrlichkeit muss er sich eingestehen, dass dem nicht so ist. Seine Aufgabe sieht er immer noch bei den Jugendlichen, wie seit eh und je. Klar, seine alten Kumpels sind auch noch da, was auf grundlegend gute Arbeitsbedingungen schliessen lässt. Doch wo ist die Menschlichkeit geblieben? Wegrationalisiert und ausradiert mit dem Regelwerkgummi.

Viele schöne Momente streifen durch seinen Kopf und lassen bunte Bilder wieder aufleuchten. Die weniger schönen Momente bilden dazwischen die Schwarzblenden. Gute Gespräche erschallen als Grundmusik zu diesem langsam ablaufenden Bilderwerk. Es ist ein schönes Bilderwerk, er möchte kein einziges Bild davon missen. Auch die weniger schönen Erinnerungen haben ihre Berechtigung. Sie haben ihn stärker gemacht, sie haben ihm die heutige Ruhe und Gelassenheit beschert. Dazwischen tauchen auch Bilder seiner langjährigen Lebenspartnerin auf, die er an diesem Ort kennen gelernt hat. Die eine grosse Liebe hängt an diesem Ort.

Langsam schreitet er vom altehrwürdigen Schulhausbau zum modernen Neubau, der an Stelle des alten Bauernhauses und dessen Baumgartens heute an der Strassenbiegung steht. Er mag Beton, er mag klare Architektur und moderne Bauten. Noch mehr aber mag er die neuesten Erinnerungen, welche an diesen nackten Betonwänden kleben wie Harz an einem alten Baum. Er schreitet die Treppen hoch und schlendert durch den weiten Gang seinem Schulzimmer zu.

Er geht weg. Das wird Wellen schlagen. "Warum geht er gerade jetzt?", werden viele fragen. Er denkt, dreissig Jahre seien genug, schliesst die Türe und gibt die Schlüssel dem Hauswart.

Erleggönig

Hej, muesch im Fall lose, Mann, voll krass Gschecht vo di Erleggönig
Voll brutal hert, Mann - goht so:

Wär do riite bi di Nacht ond di Wend?
Esche Vatter met di sini Chend.
Är Buebeli fescht trugge mit voll starke Arm,
Buebeli schön ligge und konkret warm.

"Min Sohn, werum du Angscht on deh verstegge?"
"Besch blind, Mann? Dört hende bi di Egge -
dört Erleggönig mit krass Bling-bling ond Breitreife!"
"Du ned lüüge Buebeli - esch nume Näbelstreife."

"Du liebi Buebeli, du mit mir goh?
Hani PSP, BMW ond so!
Mir Shisha rauche und ome chille
ond Mueter brenge alles was du wille."

"He Vatter, Mann, du ned ghöre?
Erleggönig macht mi aa, i schwöre!"
"Du mache Panik oder was?
Esch nome Wend wo pfiift im Gras!"

"Wotsch chliini Buebeli du mit mir cho?
Wartet ganze schöne Harem do!
Mini Meiteli tanze ond senge ond meh,
si hebe ond streichle ond liebe de!"

"Mini Vatter, luege mol, Mann - du ned gseh?
Erleggönigs Harem dört warte uf me!"
"Du Wurm nid fräch - i scho luege guet.
Send nur Böim wo im Wind gwaggle tuet."

"I lieb di ond i wott di ha!
Aber wenn du wotsch Schlägerei afah..."
"Min Vatter, jetz chont König met ganze Chraft,
pöble konkret ome met Verwandtschaft!"

Di Vatter werd's andersch, är riite krass schnäll,
im Arm sini Sohn fasch nömm schnuufe (gäll).
Denn sie deheim, Ross schwitze, Gsicht ganz rot,
aber Buebeli nömme rede - ische tot.

(Frei nach Goethes Erlkönig, von Bruno Heter, 2004)

ESA

Das ist der erste schriftliche Abschnitt hier, den ich nicht ganz aus freiem Willen schreibe: Ich habe Hausaufgaben erhalten. Der Text ist ein Schülerinnen-Auftrag. Eine Schülerin (sie hiess Esa) hat mich einmal gefragt, ob ich mal etwas über Esa schreiben könnte. Ich also zum Laptop hin, recherchiert und voilà, ein kleiner Text über ESA.

Meine erste gefundene ESA hat mit Raumfahrt zu tun. Die European Space Agency wurde 1975 gegründet, um Europa gegenüber den USA und der Sowjetunion (heute Russland) in der Raumfahrt nicht zu benachteiligen. Die Weltraumorganisation hat ihren Hauptsitz in Paris und arbeitet heute eng mit der NASA zusammen. So ist sie beispielsweise auch am Hubbel-Teleskop beteiligt.

Eine andere esa ist die dem Bundesamt für Sport unterstellte Organisation für Erwachsenensport in der Schweiz. Interessant ist hier, dass der Buchstabe a erst in der französischen Deutung Sinn macht: Sport des Adultes Suisse. Sie ist ein Sportförderprogramm für Vereine und organisiert Ausbildungen oder allgemein Sportangebote für Erwachsene. Die drei Buchstaben sind also eigentlich in zwei Abkürzungen und in zwei Sprachen gebunden. Interessant, so ohne Röstigraben.

Die dritte gefundene ESA ist die am wenigsten interessante: Die Einkaufsorganisation des Schweizerischen Autogewerbes. Die bereits 1930 gegründete Genossenschaft beliefert schweizweit rund siebentausend Garagenbetriebe mit Verbrauchsmaterial rund ums Auto aber auch mit ganzen Garageneinrichtungen oder Waschanlagen.

Ich weiss, nicht wirklich prickelnd, dieser Text - aber hei: Hausaufgaben gemacht, check! Andererseits könnten die drei Buchstaben ja auch einfach zu einer energiegeladenen, spassigen und aufgestellten Jugendlichen gehören, welche im kommenden Sommer die Volksschule abschliesst - zu einer Schul-Abgängerin sozusagen. Das wiederum würde dann den Bogen zum Anfang des Textes schlagen. Wer weiss, wie sie es wohl gemeint hat. Ich sage nur: "Einen Schönen Abend."

Fernweh

Reisefieber und Fernweh sind gesunde Krankheiten. Es beginnt mit Unruhe im Köper. Der Baum im Garten steht schon zu lange genau gleich da, dir dürstet nach Neuem, du hast Abenteuerhunger. Weg, bloss weit weg. Auf dem Weg zur gesuchten Freiheit saugst du die Erfahrungen und Erlebnisse in dich ein. Menschen erzählen dir von ihren Wegen und gemeinsam öffnet sich die Welt.

Jeder Ort wird zu einem tollen Ort, jeder Tag ist ein reicher Tag. Reisende erleben die Welt intensiver als Touristen, welche sich in ein Hotel fliegen lassen um über den mangelhaften Service zu klagen. Beim Reisen suchst du nicht deinen vertrauten Komfort in einem exotischen Umfeld, du suchst Abwechslung und freust dich an Pflanzen, welche du noch nie vorher gesehen hast, an Sprachen, welche du nicht verstehst oder auch einfach an den wachen Augen der Menschen, die du triffst. Du bist unterwegs und weisst dabei nie genau, wo du als nächstes sein wirst. Du spürst die Welt, du riechst sie und du hörst sie mit all deinen Sinnen. Sich treiben lassen von den Gefühlen, sich leiten lassen von Erlebnissen. Dabei wird die Zeit plötzlich relativ, sie spielt keine Rolle mehr.

Reisen zu können ist ein unglaubliches Privileg, welches uns durch unsere sichere Umgebung und unseren Wohlstand zuhause in der Heimat geschenkt wird. Sich dessen irgendwann zwischen Palmen oder ganz oben auf dem Berg bewusst zu werden, lässt eine grosse Dankbarkeit frei. Plötzlich spürst du, dass dir die Welt offen steht, weil die Heimat auf dich wartet. Du bemerkst die Wurzeln unter deinen Flügeln. Du erinnerst dich an den Baum im Garten und freust dich langsam darauf, ihn wieder zu sehen. Dabei spürst du nach und nach eine neue Unruhe im Köper erwachen. Sie ist das erste Vorzeichen der dritten gesunden Krankheit, des Heimwehs.

Fernweh und Heimweh erinnern an das Verhalten von Tieren wie dem Lachs, den Zugvögeln oder den Walen. Jahr für Jahr begeben sie sich auf ihre grosse Wanderung, ohne zu wissen, weshalb sie losziehen oder ob sie jemals wieder zurück kehren werden. Sie folgen ihrem inneren Drang, ihrer inneren Unruhe und kehren an den Ursprung ihrer Reise zurück. Manche von ihnen machen diese Reise nur einmal in ihrem Leben, andere immer wieder.

Zurück beim Baum in deinem Garten ordnest du deine Eindrücke und findest mit grosser Zufriedenheit eine für lange Zeit nicht mehr wahrgenommene Ruhe. Du triffst deine Freunde wieder, erzählst von Abenteuern und hörst ihnen bei ihren Geschichten zu. Ohne Vorwarnung schweift dein Blick aber plötzlich wieder zum Horizont. Die ersten Anzeichen neuen Fernwehs wecken die Abenteuerlust von neuem. Zieh los, es gibt noch so viel zu entdecken. Die Heimat wartet auf dich.

Feuer

Ein Stapel Holz liegt scheinbar ewig während in der Schale. Wie von Zauberhand ist da plötzlich ein schwacher Lichtschimmer sichtbar. Zuerst ist es nur ein kleines Zucken, ein scheues Lichtlein, das sich vorsichtig zwischen den grossen und alten, ehrwürdigen Holzstücken hin und her bewegt. Manche von ihnen mag es erreichen und etwas anschwärzen, einzelne greifen die Flamme auf, verbreiten sie. Aus dem kleinen Flämmchen wird mehr, es wird grösser, es verbreitet sich energischer, erreicht mehr Holzstücke. Das kleine Feuer nimmt sich seinen Raum, frech, frisch und energisch. Es gibt die Energie weiter, entflammt nach und nach das Holz, zuerst die kleineren Stücke, dann die grossen. Die Wärme, welche zu Beginn bloss im kleinen Flämmchen schlummerte, wird um das noch immer bescheidene Feuer spürbar. Sie überträgt sich auf unsichtbare Weise auf den Raum, verbreitet Wohlgefühl.

Das noch immer jugendliche Feuer brennt. Mit seinem Licht erhellt es die Umgebung, kann von weit her gesehen werden. Mit seiner Wärme macht es den erreichten Raum lebenswert, spendet Energie, Hoffnung. Sichtbare Spuren seines Wirkens legen sich am Grund und an den Seiten nieder, noch sind sie einfach nur Spuren, unwichtig. Die Flammen knabbern am Holz. Sie erweitern damit ihren Wirkungskreis, das Feuer betritt eine unsichtbare Bühne und steht im Rampenlicht. Die Bühne gehört dem Feuer alleine. Mit Knistern und Knallen macht es auf sich aufmerksam. Sein Hunger nach mehr greift nach den umliegenden Holzstücken. Das Feuer entflammt sie, als wolle es die Welt verschlingen. Alles scheint möglich.

Die Flammen sind nun überall, das Feuer wirkt an allen noch so entfernten Stellen, hat seine Umgebung fest im Griff. Das Holz beugt sich seinem Schicksal, es biegt sich und zerfällt. Die Spuren des Feuers werden mehr. Unter dem lodernden Holz liegt Glut, erst ganz am Rand ist Asche sichtbar. Das Feuer lodert weiter. Es verändert sich dauernd, ist nie gleich und dennoch bleibt es auf seinem Weg, nährt sich unruhig vom Holz und spendet doch Licht und Wärme. Seine Energie scheint unendlich zu sein, nichts kann sie stoppen. Was in die Nähe der Flammen gerät, wird unweigerlich von ihnen eingenommen.

Nach und nach wird das Feuer ruhiger. Es brennt kontrollierter, geordneter. In diesem Zustand verharrt es scheinbar, obwohl es noch immer brennt, sich noch immer bewegt. Nichts ist statisch, alles verändert sich. Gegen das Ende hin verliert das Feuer an Kraft. Seine Energie der Flammen hat es weiter gegeben. Glut liegt da, die Spuren des Feuer übernehmen die Bühne. Was vor kurzer Zeit beständiges Holz war, ist nun Glut und Kohle. Der helle Schein des Feuers weicht dem weichen, sanften Glimmen der heissen Glut. Dann und wann züngelt noch ein letztes Flämmchen, aber längst ist Ruhe eingekehrt, Frieden. Die wohlige Strahlung der Glut erwärmt Räume und Herzen. Sie zeugt von reicher Erfahrung, wüsste so manche Geschichte zu berichten. Wie ein klassisches Orchester spielen die aufleuchtenden roten und orangen Lichter eine sanfte Sinfonie des Lebens. Aber auch sie werden weniger, die Wärme der Glut nimmt ab. Zum Schluss sind nur noch die Spuren da. Aus der Kohle wird Asche, Staub. Der Rand der Schale ist schwarz. Er zeugt als einziger davon, dass hier ein Feuer war. Jedes Feuer hinterlässt andere Spuren auf dem Rand.

Das Leben ist wie das Feuer. Als Jugendliche brennen wir auf die Welt, wollen al-les erreichen. Irgendwann brennen wir ruhig und stetig für einen kleineren Umkreis, geben uns mit dem zufrieden, was wir erreichen können. Doch am Schluss werden wir alle Asche sein. Zurück bleiben die einzigartigen Spuren als Zeugen unseres Daseins. Es ist vollkommen unwichtig, ob wir dabei ein Land, eine Stadt, ein Haus oder einfach bloss eine kleine Schale von Holz verbrannt haben. Das Entscheidende ist, mit der Gewalt der eigenen Flammen nicht zu zerstören, sondern Wärme und Licht zu spenden, bis zum letzten Aufglimmen eines orangen Lichtleins in der kälter werdenden Glut.

Freundschaft

Was ist Freundschaft? Wie weit kann Freundschaft gehen? Wie viel Wert hat Freundschaft? Wie entsteht Freundschaft? Zuerst ist da Sympathie. Ein Blick, ein Wort, ein Lachen und daraus entwickelt sich Vertrauen. Vertrauen ist persönlich, die Kontakte mehren sich, ich lerne dich besser kennen. Ich vertraue dir Dinge an, die ich sonst niemandem erzählen kann. Ist mir die Freundschaft wichtig, werde ich mich darum bemühen, den Kontakt zu pflegen. Ich schreibe dir mal jetzt, mal später eine kurze Nachricht und warte beinah ungeduldig auf deine Antwort. Sei es auch nur ein "Hallo, wie geht's?" - denn in der Freundschaft ist solch eine Frage immer ehrlich gemeint. Freundschaft braucht keine grossen Geschenke, oft reichen ein Lächeln oder ein freundlicher Blick. Freunde verstehen sich ohne Worte, sagen einander mit einer vertraut wohligen Umarmung: "Hab dich gern."

Freundschaft kennt keine Grenzen. Freunde können ganz nah oder am anderen Ende der Welt leben. Freunde müssen nicht die gleiche Muttersprache haben, sie sprechen ohnehin dieselbe Sprache. Freunde können gleich alt oder viele Jahre unterschiedlich sein. Es gibt Freundschaft zwischen Frau und Mann, ohne dass die Liebe im Weg steht. Freunde kümmern sich nicht darum, was andere denken oder welche Verhaltensregeln die Gesellschaft vorgibt - sie stehen zueinander, sie stehen zu ihrer Freundschaft. Freunde helfen einander in allen Lebenslagen. Sie sind die Engel, die uns tragen, wenn wir verlernt haben zu fliegen. Freundschaft überdauert einfach alles.

Die Freundschaft ist eine der wichtigen Bindungen für uns Menschen, neben der Familie und der Liebe. Freunde helfen dort, wo Familie oder Liebe zu nah sind. In vielen Dingen kennst du mich besser als meine Familie, liebe Freundin. Alle Kritik, die wir einander äussern, jeder Streit, den wir ausfechten - wir meinen es immer gut füreinander, denn dazu sind Freunde da. Wir streiten mit Respekt, im Wissen darüber, dass wir einander verstehen. Da aber Freundschaft nicht von alleine entsteht, will sie gepflegt werden. Man muss zu seinen Freunden Sorge tragen, etwas dafür tun, dass der Kontakt nicht abbricht. Das ist, unbewusst, eine regelmässige Tätigkeit, welche man gerne tut. Man hütet die Freundschaft wie einen wertvollen Schatz.

Wie alles im Leben kann auch Freundschaft vergehen. So wie sie schleichend kam, so kann sie sich auflösen wie der Nebel, wenn die Sonne kommt. Sie verliert an Wichtigkeit, Freunde orientieren sich neu, verändern ihr Leben, ihren Beruf, ihr Umfeld und gewinnen neue Freunde. Anders, als die Liebe, verschwindet die Freundschaft nicht für immer. Sie bleibt immer da und oftmals treffen sich Freunde nach vielen Jahren Absenz wieder und verspüren das vergessene Vertrauen von neuem. Anders, als in der Liebe, entsteht bei vergehender Freundschaft keine Eifersucht. Trauer ja, vielleicht begleitet von einer Träne, denn ich habe ja eine Freundin ziehen lassen und das geht mir nah, weil mir die Freundschaft wichtig, wertvoll war und immer noch ist. Das "Hallo, wie geht's?" wird fehlen. Es bleibt die Hoffnung, dass sich unsere Wege wieder kreuzen und die alte Freundschaft erneut blühen kann. Deshalb sage ich: "Nun denn, liebe Freundin, gehe deinen Weg. Ich wünsche dir alles Glück dabei. Es hat mich glücklich gemacht, dich ein kurzes Stück deines Lebenswegs begleiten zu dürfen. Sei gewiss, Freundschaft überdauert einfach alles."

Geben und Nehmen

Wie alt bin ich eigentlich? Ich wurde mit der Gewissheit erzogen, das Leben sei immer ein Geben und ein Nehmen. Irgendwie habe ich das Gefühl, dieser Grundsatz habe sich für viele Menschen haute stark verändert. Die meisten Menschen wollen heute bloss noch nehmen. Bitte die Prüfung verschieben, bitte weniger Hausaufgaben, bitte ein neues Handy, bitte das Abo mit Flatrate, bitte im Auto zur Schule fahren. Es gibt derer viele, solche Beispiele.

Gehen wir mal davon aus, nehmen ohne geben funktioniere. Irgendwann ist nichts mehr da, alles genommen, das Glas mit den Süssigkeiten leer. Nun hat aber der Mensch die schlechte Angewohnheit, sein Plünderungsgebiet zu verlagern, wenn eine Quelle versiegt. Am härtesten bekommt das die Natur zu spüren. Seit der Mensch, vor kurzem erst, Maschinen entwickelt hat, geht es ihr zusehends schlechter. Werden an einem Ort die Ölreserven knapp, wird nicht etwa über andere Techniken nachgedacht, nein, man bohrt einfach neue Ölvorkommen an, auch wenn diese in einem Naturreservat liegen. Reservat dauert halt für den Menschen immer nur so lange, bis er es plötzlich braucht. Gesetze werden angepasst, damit der Mensch weiter nehmen kann. America First, Geiz ist geil und ähnliche Sprüche belegen das bis weit hinauf in unsere Führungsetagen. Nehmen und, wenn immer möglich, nichts dafür bezahlen. Diese Haltung nimmt zu, nicht nur bei uns.

Was ist denn nun mit dem Geben? Es ist doch jede Weihnachten eine Art Saison für Geben. Wenn sogar das Geben sich daran orientiert, was die Beschenkte nehmen möchte oder gar verlangt, dann verliert es aus meiner Sicht an Sinn. Geben sollte spontan sein. Geben passiert im Kleinen. Minime Vorteile im Beruf, mal etwas früher gehen dürfen, mal das Auto im Parkverbot stehen lassen dürfen, mal ganz einfach Zuneigung spüren dürfen oder grosszügig behandelt werden. Das wird in Schulklassen oftmals ganz falsch verstanden. Meist jene Jugendlichen, welche immer bloss nehmen, beschweren sich am lautesten darüber, dass andere einen kleinen Vorteil geniessen dürfen. Sie finden das gemein und werfen den Lehrpersonen parteiisches Verhalten vor. Dabei wäre es so einfach - es ist ein Geben und ein Nehmen. Mal unaufgefordert den Boden wischen, mal die Tische wieder gerade stellen, mal eine helfende Hand bieten oder spontan einen Tee zubereiten - geben ohne Verlangen.

Die Menschen in Amerika, Asien, Australien und Afrika, welche dort siedelten, bevor der nehmende Europäer hinkam, wussten es: Auch für die Natur muss man geben, wenn man nehmen will. Die Europäer aber kamen und nahmen sich alles, was sie kriegen konnten. Wenn unsere Mächtigen heute das etwas genauer beachteten, bräuchte es keinen resultatlosen Klimagipfel mehr, wo alle hinfliegen, sondern es wäre einfach nur logisch, der Natur Sorge zu tragen. Ich glaube, ich werde langsam alt. Ich gebe unglaublich gerne, denn das, was ich dafür erhalte, ist unbezahlbar. Es ist die Freude im Gesicht der Mitmenschen.

Geritzt

"Es läuft wie geritzt."

Damit verbinden wir instinktiv eine eigendynamische und positive Entwicklung in Leben oder Beruf. Was aber, wenn wir die Aussage wörtlich nehmen, wenn wir ritzen als Verb, als Tätigkeit betrachten? Wörtlich genommen, läuft es alles andere als gut. Der Arm blutet, weil die Seele blutet. Rasiermesserscharf schneiden die Erlebnisse Wunden, welche nur sehr langsam heilen. Umso schneller reissen sie wieder auf, jedes Mal, wenn eine Heilung in Griffweite gelangt.

Alleine mit unlösbaren Problemen. Keine Kraft mehr zu sprechen. Zu viele Wunden, um sie heilen zu lassen. Jeder Schnitt in das Fleisch ist bloss die Spur eines Schnittes in die Seele. Blut tropft aus dem Arm, als wenn es den Schmerz wegspülen könnte. Der Schmerz aber bleibt nicht bloss, er wird sogar stärker mit jedem Ansetzen der Klinge. Übertönen der seelischen Schmerzen ist das Ziel, alles andere erscheint unwichtig. Die Ohren und Augen haben längst aufgehört Informationen zu senden. Als einziges Sinnesorgan wird die Haut wahrgenommen, welche den Schmerz überträgt.

Das austretende Blut ist ein Schrei der Stille. Noch fliesst dieser Schrei langsam, gut sichtbar, auf dass er von aussen wahrgenommen werde. Was, wenn die Klinge nicht bloss an der Oberfläche kratzt, wenn sie tiefer schneidet und der Schmerz herausschiesst? Kommt dann Erlösung? Kommt dann noch mehr Schmerz? Spielt das eine Rolle? Die junge Frau weiss es nicht, es ist ihr auch egal. Einziges fühlbares Sinnesorgan ist die Haut, sie nährt die verletzte Seele und täuscht über deren Schmerz hinweg.

Ihr Umfeld steht ohnmächtig daneben, leidet mit, ohne etwas zur Linderung der Schmerzen tun zu können. Obwohl der Schrei nach Hilfe ruft, wird jede Art davon nicht angenommen. Dann trifft die junge Frau den jungen Soldaten. Er sitzt am Waldrand, sein Gewehr liegt neben ihm, die vierundzwanzig Schuss vorschriftsgemäss im Magazin "abgespitzt". Seine Augen sind ebenso leer, sein Schmerz versteckt sich unter der gut getarnten Uniform. Abtreten mit einem Knall, wer wünscht sich das nicht?

Nun, der Soldat könnte das wörtlich nehmen und sich eine knallen. Was, wenn er den Abzug tatsächlich durchzieht? Es ist bloss eine Fingerübung. Ist dann mehr Schmerz? Ist dann Ruhe? Ist dann Frieden? Er weiss es nicht und es ist ihm auch egal. Der blosse Gedanke daran lässt ihn den unausstehlichen Schmerz vergessen, den er tagtäglich spürt.

Der junge Soldat lebt jeden Tag, erträgt seinen Schmerz und befolgt Befehle, so unsinnig sie ihm auch erscheinen mögen. Das Leben ist eine Reihe von sinnlosen Bewegungen, unterbrochen durch Nahrungsaufnahme. Die junge Frau lebt von Tag zu Tag, betrachtet ihre Blutspuren, hofft auf deren Heilung, auf dass die Schmerzen der Seele nachlassen mögen. Es dauert zehnmal so lange, die Seele zu heilen, wie sie zu verletzen, sagt man. Die beiden jungen Menschen leiden an der Ungerechtigkeit, der Gleichgültigkeit, der Brutalität oder am Egoismus unserer ach so modernen, aber seelenlosen Welt. Sie tragen eine wertvolle Seele in sich, sie sind mit unterschiedlichen Lösungsstrategien auf der selben scheinbaren Sackgasse unterwegs. Sie sehen keinen Weg, kein Ziel, keinen Sinn. Warum leben, wenn das Leben schmerzt? Sie sieht den Soldaten mit der Waffe. Während sie sich ritzt, fragt sie ihn, weshalb er sein Gewehr griffbereit bei sich trägt. "Wahrscheinlich aus dem gleichen Grund, wie du deine Schmerzen sichtbar machst", antwortet er bloss ohne sie dabei anzusehen. Es folgt ein friedliches, verständnisvolles Schweigen. Man muss nichts sagen, um sich zu verstehen. Der Schmerz verbindet. Sie blicken sich an und auf einmal macht alles Sinn. Wie durch Zauberhand erscheint ein Weg in eine schmerzlose Zukunft. Zusammen überwinden sie ihren Schmerz, teilen ihn, damit er weniger werde.

Nur die Zeit und die Liebe vermögen die Wunden der Seele zu heilen. "Na, läuft es nun wieder wie geritzt?" fragt sie ihn viele Monate später, er reagiert schnell. "Halt die Klappe, sonst knalle ich dir eine." - Sie schauen sich an, beginnen zu lachen, fassen sich bei den Händen und gehen gemeinsam den Weg des Lebens.

Gotthard

Ein berühmtes Bild zeigt eine Postkutsche in voller Fahrt am Gotthardpass. Kühe fliehen vor den Pferden, der Kutscher lässt die Peitsche knallen. Das Bild heisst "Die Gotthardpost". Rudolf Koller malte es als Abschiedsgeschenk für Alfred Escher 1873, nur neun Jahre vor der Eröffnung des ersten Eisenbahntunnels. Mythos Gotthard - die Musik der Rocker ist schnörkellos, hart, direkt. Genau so sind ist der Berg, der Fels, der Verkehrsweg. Kein Wunder hat sich gerade hier eine Schar mutiger Männer dazu entschlossen, für ihre Freiheit zu kämpfen und unabhängig zu werden. Die Eidgenossen wussten bereits: Wer den Gotthard kontrolliert, der kontrolliert den Welthandel. Der Gotthard - einziger Alpenübergang mit nur einem Pass; der Ort, wo beide Alpenketten zusammentreffen; der Ort, wo zwei der grössten Flüsse Europas entspringen. Die ersten Säumer wussten schon, wie sie ihre Waren am einfachsten nach Venedig brachten.

Zweimal in der Passgeschichte wurde es plötzlich wieder ruhig auf der Passstrasse: Ein erstes Mal, als man den alten Eisenbahntunnel eröffnete und ein zweites Mal als die Autobahn einen Strassentunnel erhielt. Die Eidgenossen mögen seinerzeit den Teufel beim Bau der Brücke am stiebenden Steg überlistet haben - aber mit einem derartigen Pakt ist nicht zu spassen. Der um seinen abgemachten Lohn Betrogene rächte sich nicht sofort, was die Menschen als Sieg betrachteten.

Wie aber ist das heute ständig steigende Verkehrsaufkommen wohl zu deuten? Der geglaubte Segen einer gut ausgebauten Nord-Süd-Verbindung entwickelt sich langsam doch noch zu einem Fluch. Zwei Eisenbahntunnel, einen kurzen mit aufwändigen Kunstbauten und einen sehr langen, technisch anspruchsvollen Neubau. Bisher einen Strassentunnel, bald beginnen jedoch die Bohrungen zur zweiten Röhre. Drei Passstrassen, derzeit ausgebaut mit einem Veloweg und einem erholsamen Wanderweg für Touristen. Man kann beinah bauen, was man will: Alle Jahre wieder staut sich der Verkehr am Gotthard, führt zu Stress und immer wieder zu tragischen Unfällen. Der Gotthard ist zu einer Hypothek geworden, deren Zinsen ins Unermessliche steigen – und der Teufel lächelt zufrieden.

Aber dennoch: Was gibt es Schöneres als bei Nebel oder Regen im Norden in den Tunnel zu fahren und dann bei strahlendem Sonnenschein auf der Tessiner Seite wieder herauszukommen. Ahh - Benvenuto in Ticino. Der Gotthard hat nichts von seinem Mythos und seinem Charme verloren. Und die Rocker klingen auch noch hart wie eh und je.

Hallo Gott – Geburtstagsgrüsse Teil 2

Hallo, hier bin ich wieder, hejhej!

Vor einem Jahr habe ich dir auch schon zu deinem Geburtstag gratuliert, weisst du noch? Ich möchte das hier gerne wiederholen. Ich gratuliere dir ganz herzlich zu deinem Geburtstag. Wie alt wirst du eigentlich, wie viele Jahre hast du schon? Sag, zählst du sie eigentlich auch? Seit wann gibt es dich überhaupt?

Wir Menschen haben dich wohl erst so vor etwas mehr als zweitausend Jahren gesehen. Nein, gesehen ist falsch, erkannt wäre wohl richtiger. Gesehen und gespürt haben wir dich schon früher, als Sonne, als Nahrung, als Wärme, als Liebe. Nur haben wir damals noch nicht gewusst, dass du das bist. Den letzten Text hatte ich an "deinen Sohn" adressiert. Nun, du hast uns einen Menschen geschickt, der uns dein Wirken, deine Güte und deine Grösse hat erfahren lassen, uns dich erklärt hat. Danke. Seither wissen wir, wer du eigentlich bist, du hast ein Gesicht erhalten. Wir haben diesen Menschen liebevoll deinen Sohn genannt und folgen ihm seither, die einen etwas mehr, die anderen eher weniger. Und doch bist du bei allen dabei, nimmst du alle bei dir auf.

Sag, warum gibt es so viele böse Menschen? Warum gibt es so viel Leid unter uns? Sind wir denn nicht in der Lage, deine Liebe zu leben und deine Güte weiter zu geben? Vor einem Jahr habe ich dich gefragt: "Wo bist du?" Ich sehe, du hast meine Frage gehört (oder gelesen). Ich habe dich in diesem Jahr erfahren dürfen. Plötzlich warst du da, in einem gigantischen Zelt. Ich war darauf nicht vorbereitet. Deine Energie, deine ganze Kraft floss durch meinen Körper und ich wusste, das bist du. Danke. Viele Menschen würden unsere Art, miteinander zu kommunizieren, wohl als Ketzerei abtun. Sie verstehen nicht, dass du nicht an ein von Menschen geschriebenes Buch gebunden bist, sondern dass du viel grösser und mächtiger bist. Es geht wohl nicht darum, allen Worten in unserem Buch zu folgen. Es geht darum, zu erkennen, was hinter den menschlichen Worten liegt. Du brauchst kein Buch. Du bist da - ob wir es nun wollen oder nicht. Aber ich denke, wir Menschen brauchen wohl ein Buch, um immer wieder nachlesen zu können. Wir vergessen doch so schnell. Siehst du, nach deinem Geburtstag ist die Nächstenliebe auch schon wieder weg und wir folgen wie gewohnt dem schnöden Mammon und versuchen, materiellen Reichtum zu erlangen. Wir nennen es Boxing-Day-Sale. Entschuldige, wir Menschen vergessen halt eben zu schnell.

Du hast mich zu einem wunderbaren Beruf hingeführt. Ich nehme deine Aufgabe dankend an und versuche, die jungen Menschen zu Ehrlichkeit und Nächstenliebe, zu Fleiss und zu gesundem Ehrgeiz hin zu begleiten. Wir zwei wissen, dass es dabei nicht darauf ankommt, welcher von Menschen geschaffenen Gemeinschaft diese jungen Menschen folgen. Viel wichtiger ist doch, dass sie überhaupt etwas glauben und einem Weg folgen.

Ganz nebenbei darf ich den jungen Menschen auch noch Wissen mitgeben, Werkzeuge, die sie brauchen, um in unserer menschlichen Welt bestehen zu können. Ich gratuliere dir zum Geburtstag und danke dir für deine Liebe. Ich danke dir für deine Kraft, für deine Güte und für dein Vertrauen.

"Hän' die kei Schnüerle?"

So fragte der erstaunte Bauer, als er den Städter mit dessen neuem Mobiltelefon sah. Sie soll aufgrund dieser Frage entstanden sein, die Bezeichnung Händi oder auf gut Neudeutsch Handy. Wie hat dieser Knochen doch unsere Welt verändert. Knochen war am Anfang die richtige Bezeichnung, wir erinnern uns gern an die unförmig grossen, mit externem Akku verbundenen und nur einflussreichen Geschäftsleuten vorbehaltenen Geräte. Dann folgten die ersten Geräte für die Normalmenschen. Die kultigen Nokia-Zwerge finden sich heute in vielen Museen wieder.

Heute sehen wir kleine Kinder gelangweilt im Sand sitzen, während ihre Mütter nicht auf sie, sondern auf den hellen Bildschirm in ihren Händen blicken. Ihr Kind sehen sie dann ja auf Instagram, wozu also beobachten? Die Menschheit folgt in gebückter Haltung dem roten Punkt in der App ohne dabei auf Mitmenschen, Strassen oder den Verkehr zu achten. Bereits gibt es Programme, die per Handykamera die Strasse filmen und auf den Bildschirm übertragen, damit der Betrachter nicht stolpert. Orientierung in der wirklichen Welt wird immer schwieriger ohne Siri, Alexa und Cortana.

Alle weiblich. Die Männer folgen offenbar einer weiblichen Stimme wohlgesinnter. Der eingangs erwähnte Bauer hat schliesslich auch immer so abgestimmt, wie es ihm seine Frau gesagt hat. Aber der Bauer hat seinen Stall und die Kirche im Dorf ohne Maps und ohne App gefunden. Das Stichwort heisst also Orientierungslosigkeit oder eben Abhängigkeit. Wir verlagern unser Leben in eine virtuelle Welt, posten, liken und followen was das Zeug hält, während das reale Leben an uns vorbei zieht.

Am Wochenende gehen wir protestierend und schreiend auf die Strasse, fordern mehr Freiheit und mehr Schutz für unsere Privatsphäre. Selbstverständlich posten wir das auf Insta. Wir wehren uns gegen Überwachung und kontrollieren gleichzeitig unsere Gesundheit mit der neuen App, die uns sagt, wie viele Schritte wir noch tun müssen, um gesund zu bleiben. Wir sind gegen G5 Antennen und ärgern uns gleichzeitig über den schlechten Empfang. Ohne Navi finden wir keine Adresse mehr, wollen aber unbedingt die selbstfahrenden Fahrzeuge verbieten. Früher habe ich meine Grossmutter gefragt, welche Pflanzen man essen könne. Die Grossmutter heisst heute Google.

Das Gefährliche an dieser Entwicklung ist nicht der permanente Zugriff auf das schier unbeschränkte Wissen, welches in Clouds gespeichert ist. Es ist vielmehr unsere Gleichgültigkeit, welche uns zusehends Sorge bereiten sollte. Wozu soll man noch etwas lernen, wenn man jederzeit das volle Wissen der Menschheit abrufen kann? Wir verlassen uns auf Dinge, die wir nicht mehr kontrollieren können. Wir befolgen Ratschläge, jenseits jeder Vernunft, bloss weil die App es uns gesagt hat. Lachend geben wir unsere Entscheidung, unser Leben, an eine Smartwatch ab, auf dass sie uns zu mehr Zufriedenheit leite.

Für mich tönt das etwas nach 1984 von G. Orwell oder nach den Eloi aus Time-Machine von H.G. Wells. Die Morlocks sind aber nicht die bösen Monster, auch nicht die mächtigen und reichen Männer in ihren schwarzen Rollkragenpullovern oder weissen Massanzügen. Nein, die Morlocks sind wir gleich selbst. Mit jeder Neuerung, die wir hoch preisen und mit der wir noch mehr Leben an eine App delegieren, verlieren wir an Daseinsberechtigung. Wir mutieren zu willenloser und ungebildeter Biomasse, welche irgendwann durch robustere, effizientere Ware ersetzt wird. Wahrscheinlich werden wir aber nicht einmal aufschreien, wenn das passiert, weil eine App uns sagt, unser Untergang sei gut.

Wir sägen am inneren Ende des Astes, auf welchem wir sitzen und merken es nicht. Unter uns aber steht der Bauer, blickt lächelnd zu uns hoch und schüttelt den Kopf.

Heiligabend

Der Kühlcontainer am Sattelschlepper ist geladen. Zehn Tonnen Milchpulver für die Ostschweiz. Muss heute noch geliefert werden, denn Babys brauchen auch morgen Nahrung und die will produziert sein. An Heiligabend. Zu Beginn hat es noch regen Verkehr auf der Autobahn. Dann aber lässt dieser nach, die Autobahn leert sich wie an keinem anderen Tag. Zwischen Zürich und St. Gallen gehört die Piste mir allein. Seltsames Gefühl, die A1 ganz alleine zu befahren. In beiden Richtungen ist niemand unterwegs. Alle sind bei ihren Familien, Heiligabend ist ein grösserer Strassenfeger als die Championsleague oder das Lauberhornrennen. Ich denke zuerst an die vielen Menschen, welche heute, wie ich, arbeiten oder niemanden haben, zu dem sie hin gehen können. Für sie alle ist Heiligabend der wohl einsamste Tag des Jahres. Kinos haben geschlossen, viele Restaurationsbetriebe auch und Unterhaltung gibt es nur im Fernsehen. Es ist gar nicht so einfach, sich an Heiligabend von echten Menschen zu umgeben. Arbeiten ist da gar nicht so übel. Ich bin ja nicht der einzige, der das tut und somit treffe ich Menschen. Viele Menschen müssen an Heiligabend arbeiten. Ihnen gehört ein spezieller Dank.

Dann denke ich an alle anderen, an jene, welche nun bei ihren Familien sitzen, essen, vielleicht sogar singen und fröhlich sind. Wie oft ist das nur gespielte Fröhlichkeit? Zu oft habe ich den Satz schon gehört: "Ich muss über Weihnachten zu meinen Eltern gehen." In zu vielen Familien ist die Bande, die innige Freundschaft und Verbundenheit irgendwie verloren gegangen. An vielen Orten aber ist Heiligabend wirklich ein Fest der Freude. Überall wo gesungen wird, überall wo gelacht wird, da verströmt dieser eine Abend seine ganz spezielle Energie. Es ist so wertvoll, mit all den Menschen, die man liebt, mit der Familie Zeit zu verbringen. Zeit mit seinen Liebsten ist das einzige Geschenk, das man nicht kaufen kann. Ich wünsche in Gedanken all den Menschen, welche ich habe zu ihrem Fest fahren sehen, ein frohes und glückliches Weihnachtsfest.

Inzwischen habe ich meinen Bestimmungsort erreicht. Zusammen mit dem einzigen Mitarbeiter, der an Heiligabend in dieser Firma tätig ist, laden wir das Milchpulver aus. Wir schwatzen und scherzen, es ist eine willkommene Abwechslung an diesem ruhigen Abend. Ich schliesse die Containertüren und fahre wieder los, lenke den Sattelschlepper heimwärts auf die leere Autobahn. Dann, so um Mitternacht irgendwo am Zürichseeufer, nimmt der Verkehr rasant zu. Alle sind sie auf der Heimfahrt. Ich kann genau erkennen, wo das Weihnachtsfest eine Freude oder wo eher ein Frust war. Da hat es aggressive Drängler, es hat beschwipste Schlangenlinienfahrer, es hat Schleicher und übermüdete Heimkehrer. Auf den Rücksitzen schlafen oder streiten sich Kinder. Das Familienfest ist vorbei, für mindestens ein Jahr. Und anfangs dachte ich, ich sei einsam.

Hej, ich wünsche euch allen ein gesegnetes und fröhliches Weihnachtsfest. Und viel, viel Liebe.

Heimfahrt

Mein Platz ist vorne links. Das war schon immer so. Voller Vertrauen seid ihr mir gefolgt, drei Jahre lang. Voller Vertrauen sitzt ihr nun glücklich, aber müde in den bequemen Ledersesseln des kleinen Reisebusses. Wir passieren Livorno, dann Pisa - ein letzter Blick zum schiefen Turm. Schon werden die ersten Erinnerungen ausgetauscht, es wird gesungen und viel gelacht - ihr seid glücklich. Die Strasse windet sich über den spektakulären Cisapass, es geht links, es geht rechts und kurz nach Barilla gibt es eine Pause. Die Musik war laut wie die Stimmung. Ihr seid überdreht, überwältigt von den vielen Erlebnissen dieser Woche.

Ich fahre. Ihr seid eingeschlafen. Es gibt keinen grösseren Beweis für Vertrauen in den Fahrer, in mich. Aus den Lautsprechern tönt nun etwas leiser für zwei Stunden meine Musik. Ich fahre, aber meine Gedanken fliegen. Fidenza durch. Hier und da ein Fernlastzug, Reisende mit dem selben und Reisende mit entgegengesetztem Ziel. Dann und wann überholt uns rasend schnell ein Frecciarossa. Meine Gedanken sind nicht so schnell unterwegs. Sie sind bei euch. Mein Sitz bewegt sich mit der Strasse auf und ab, lässt Bodenwellen zu leichten, sanften Bewegungen werden.

Was für eine Woche. Stimmung von unendlichem Glück bis zu endloser Trauer, ein auf und ab wie von meinem Sitz. Oftmals von einem Moment zum andern wechselnd. Ihr seht glücklich aus in meinem Rückspiegel. An euch zu denken wird fortan immer ein Blick zurück sein. Und das ist gut so.

Ich fahre, das kann ich gut. Bei Piacenza brennt ein Auto. Ich denke an die armen Menschen, welche nun ihre Reise nicht fortsetzen können, welche mit diesem Schicksal zurecht kommen müssen und ich halte mich dankbar am Lenkrad fest. Dankbar für diese Woche, dankbar für diese Fahrt, dankbar für diese Menschen im Bus, für euch. Ihr bedeutet mir sehr viel. Wie wenn ich ein gläsernes Schmuckstück über eine holperige

Strasse transportieren müsste, fahre ich vorsichtig und doch zielstrebig unserem Zuhause entgegen. Ich fahre gerne, ich fahre sicher. Eine einsame Träne kullert über die Wange. Die Musik trägt mich, die Gedanken fliegen über die schnurgerade dreispurige Autobahn.

Kurz vor Mailand regt sich was im hinteren Teil des Fahrzeuges. Langsam erwacht einer nach dem anderen und es kommt wieder Leben in den Bus. Ich fahre und lächle. Die letzten zwei Stunden gehörten mir alleine. Danke. Es war wunderbar, euer Vertrauen zu spüren und euch sicher heim zu bringen. "Schon Mailand?" - Ja, wir nähern uns dem Moment, vor dem wir uns irgendwie alle fürchten. Und doch freuen wir uns - denn wir haben miteinander im Vertrauen etwas aufgebaut, das uns niemand jemals wird nehmen können. Miteinander haben wir eine Reise durch viele Hochs und Tiefs gemacht und ich durfte euch leiten. Weil ich fahre. Weil mein Platz vorne links ist.

Drei Stunden später steigt ihr aus. Strahlend, glücklich. Dieses Gefühl, euch das geben zu dürfen, gibt Hühnerhaut. Eiskalt läuft es den Rücken runter und bewirkt doch eine wohlige Wärme, löst eine weitere kleine Träne aus. Ihr steigt aus. He, Leute, es war mir eine grosse Ehre, während der vergangenen dreier Jahre euer Fahrer gewesen zu sein. Macht's gut, tragt Sorge zu euch und winkt mal kräftig - ich sehe euch im Rückspiegel.

Euer Fahrer

Herbstlicht

Der Herbst ist die goldene Zeit des Jahres, sagt man. Wahrscheinlich ist dies naheliegend eine Folge der gelblich scheinenden Blätter der Bäume. Viel mehr aber beeindruckt mich das intensive Licht, welches schon Malern beinah die Besinnung raubte. Dieses gelblich gefärbte Herbstlicht, das jeden Abend die Olivenbäume noch einmal in ihrer gesamten Schönheit leuchten lässt. Das Licht, welches alleine zu wärmen vermag, auch wenn die Sonne schon langsam hinter den Horizont sinkt. Lange Schatten künden die Nacht an, nur um sich danach auf der anderen Seite der Zypressen wieder ähnlich lang auf den neuen Tag zu freuen.

Zahlreiche Früchte des Herbstes sind golden. Trauben in der Schale, Kürbis im Risotto, Mandeln auf dem Dessert. Der Herbsttisch ist reichlich gedeckt, man bekommt den Eindruck, sich noch einmal so richtig satt essen zu müssen, bevor der Winter seine Ruhe und Kälte über die Welt legt. Ich sitze in der wärmenden Morgensonne und lehne mich an die Bruchsteinmauer. Ich bin dabei nicht alleine, Eidechsen oder kleine Krabbeltiere tun es mir gleich. Frühaufsteher bei den Insekten summen bereits emsig um uns herum, immer achtsam, nicht von den noch etwas trägen Eidechsen entdeckt zu werden. Meine Hände werden vom Kaffee gewärmt, sein würziger Duft vermischt sich mit dem Rosmarin, welcher unmittelbar neben mir steht.

Die Zeit läuft hier irgendwie anders. Niemand stresst, kein Verkehr, kein Lärm, keine Hektik. Die einzigen schnellen Bewegungen sind jene der Eidechsen, wenn sie genug Wärme getankt haben. Ich aber sitze da, lasse meinen Blick über die sanften Hügel schweifen und sauge das goldene Morgenlicht ein. Dazwischen nehme ich einen Schluck Kaffee und spüre, wie ich lebe. Noch vor wenigen Jahren war die Zypresse gegenüber ein kleines Bäumlein, ein richtiger Besen, beinah hässlich und struppig, von den Schafen angefressen. Nun steht sie erhaben, königswürdig in der Reihe und markiert die landestypische Silhouette der Zypressenallee entlang der Zufahrt zum Haus. Sie lebt. Sie hat es geschafft, das wertvolle und seltene Wasser zu sammeln um mit aller Kraft dem starken Wind trotzen zu können und zu wachsen. Dabei nimmt sie nur so viel Wasser auf, wie sie braucht und lässt den Rest ihren Mitbewohnern, den anderen Pflanzen. Zudem gibt sie einen Teil der Leben spendenden Flüssigkeit als Morgentau ab, Insekten freuts. Mir wird bewusst, das Leben ist ein Kreislauf. Nehmen und geben, anders funktioniert das nicht. Einzig der Mensch hat Mühe damit, das zu verstehen, obwohl er doch als einziges bekanntes Lebewesen abstrakt denken und kombinieren kann. Wir behaupten, die Welt zu verstehen und wissen doch so wenig über ihre Zusammenhänge.

Das Herbstlicht ist Teil dieses Kreislaufes. Jeden Morgen und Abend umrahmt er die Nacht, als wollte er sie weniger bedrohend erscheinen lassen. Ich merke, auch ich biege langsam in den Herbst des Lebens ein. Ich freue mich darauf, denn der Herbst ist eine goldene Zeit. Der herbstliche Lebenstisch ist reich gedeckt, die Freude gross, die Früchte süss. Zusammen werden wir tanzen, singen und uns am Licht des Herbstes erfreuen. Freunde, Familie, Bäume und die Eidechsen - wir leben auf der gleichen Erde, wir trinken das gleiche Wasser und wir folgen dem gleichen Kreislauf. Wenn meine Energie schon lange an andere Lebewesen übergegangen sein wird, so werden die Olivenbäume immer noch da stehen, die Zypresse wird noch grösser und noch stolzer sein. Ich beginne mich zu fragen, ob sie sich je an mich erinnern können. Im Moment aber sitze ich einfach nur neben ihnen, freue mich wie sie über das flache Morgenlicht, welches die Toskana golden färbt und spüre: Ich lebe.

Hexenzauber

"Hihii, hähää - öch, öch." Unverkennbar klingt Häx Nörgeligäx in allen Kasperlitheater erprobten Ohren nach. Hand in Hand wandert sie durch unser Hirn mit der bösen Hexe aus Hänsel und Gretel, aus Schneewittchen oder aus Rapunzel. Viele Kindergeschichten handeln von Hexen, so auch das beliebte Kinderbuch "Die kleine Hexe". Saxana war eine Jugendliche, welche ihre Gestalt verändern konnte - wir liebten den Film. Auf Netflix läuft eine Neuverfilmung von Sabrina, der Hexe, die sich zwischen zwei Welten entscheiden muss. Woran liegt diese immerwährende Faszination an Hexen? Harry Potter mag ein Verkaufsschlager sein, aber eigentlich kommt er nicht an Hermine heran, denn sie ist die Hexe, er ist bloss ein Zauberer.

Alles, was wir nicht kennen, macht uns Angst oder fasziniert uns. Im Mittelalter kannten die Katholiken die Heilungskräfte der Natur nicht. Sie glaubten, schwere Krankheiten allein mit ihrem Glauben oder mit Ablasszahlungen heilen zu können. Die einfachen Menschen vertrauten lieber den Kräften der Natur und suchten Rat bei Frauen, welche die richtigen Kräuter kannten. Damit waren diese Frauen für die Kirche eine Gefahr. Sie wurden geächtet, verfolgt und umgebracht. Nicht gerade ein ruhmreiches Kapitel in der Geschichte der Religion, welche Nächstenliebe predigt.

Kinder sind da viel toleranter. Sie gehen mit ihrer kindlichen Neugier auf Unbekanntes zu und wollen es erfahren, es kennen lernen. Ohne Angst und ohne Hemmungen fragen sie. Sie kennen kein Böse und Gut, ihre Fantasie ist grenzenlos. Sie möchten auch Hexen sein. Auf einem Besen durch die Welt fliegen. Ungerechtigkeiten aus der Welt zaubern. Mal Eichhörnchen sein, mal Elefant oder dem gemeinen Bruder ein undurchdringbares Spinnennetz vor die Türe zaubern. Hausaufgaben machen sich von selbst. Die kleine Schürfwunde am Knie ist fix geheilt. Hexe sein wäre voll cool. Stell dir vor: Niemand wagt es, dir etwas anzutun, denn du würdest ihn furchtbar bestrafen. Alle gemobbten Mitschüler und

Mitschülerinnen könntest du beschützen, ungerechte Lehrer umerziehen vielleicht könntest du ja den netten Jungen aus der neunten überzeugen, dich auf einmal zu mögen.

Vielleicht steckt ja in jedem von uns eine Prise Hexe. Immer dann, wenn wir Gutes tun. Immer dann, wenn wir uns für die schwachen einsetzen. Immer dann zaubern wir ein Lächeln auf das betrübte Gesicht oder wir geben das richtige Kraut im richtigen Moment. Vertrauen wir doch wieder etwas mehr auf die Heilungskräfte der Natur, auf die Kräuter, auf die Energie. Hexe sein schliesst den Glauben nicht aus, es bereichert ihn.

Hotel Volvo

Schlüssel drehen, die vertrauten Lämpchen glimmen auf, der Summer erwacht. Dann, nach einigen zaghaften Drehversuchen, beginnt der grosse Diesel zu schnurren. Anfangs noch etwas hart, nagelnd, dann aber mit der Wärme ruhiger werdend, verbreitet er das heimelige Gefühl von Geborgenheit, Sicherheit, Freiheit, verbunden mit dem leichten Geruch nach verbranntem Treibstoff. Mein Hotel steht heute an einem Fluss, irgendwo in Nordfrankreich. Jeden Tag an einem anderen Ort. Reisen verbinden mit Arbeit. Wenn ich erst mal weg bin, die Grenze des kleinen Landes hinter mir gelassen habe, bin ich mein eigener Boss.

Den echten Chef sehe ich erst in zwei Wochen wieder, bis dahin kann ich selbst entscheiden, wie lange ich arbeite, wann ich Pause mache und wo ich mein Hotel für die Übernachtung parke. Dieses kleine Stück Freiheit ist alles, was von der einstmaligen Fernfahrerromantik übrig geblieben ist. Der Termindruck summiert sich mit dem Kostendruck zum Verkehrsdruck. Zusätzlich muss ich täglich nicht nur auf meine sechzehn Meter Platz achten, sondern auch auf alle anderen.

In der Dunkelheit losfahren ist friedlich. Die kleinen, nervösen Autos erwachen erst einige Stunden später. Sie erinnern an lästige Fliegen, die sich um Futter drängeln, ständig bemüht, vor den anderen da zu sein. Ich pflüge mich durch den Verkehr wie ein Ozeandampfer durch die Wellen, ruhig aber bestimmt. Ich beobachte den Verkehr und erkenne hier einen Oldtimer, dort einen überladenen Lieferwagen. Jeden Abend beim Tagesrapport erscheinen diese Bilder wieder und ich weiss, wo ich an diesem Tag war und was ich alles gesehen habe. Landschaften begleiten die Erlebnisse und betten sie in ein Kunstwerk ein. Ich wohne im eigenen Hotel - meinem Hotel Volvo.

Am Abend dann sinkt die Sonne rot hinter den zurück liegenden Horizont, blendet kurz durch die Seitenspiegel. Ein Bild von unbeschreiblicher Schönheit. Nach und nach verschwinden dann die kleinen, nervösen Autos und ich kann endlich ungestört meines Weges ziehen. Die Nacht gehört mir. Der grosse Diesel schnurrt zufrieden, die Welt ist in Ordnung. In der Dunkelheit kann ich die Gedanken getrost auch einmal etwas schweifen lassen. Niemand stört ihren Weg, parallel der Strasse folgend und dennoch weit abschweifend in die verborgenen Winkel meiner Seele. Nie habe ich mehr gespürt, dass ich lebe.

Viel zu schnell steigt die orange blendende Scheibe vor mir wieder über den Horizont und begrüsst den neuen Tag. Volvo bedeutet "ich rolle". Somit rolle ich mit meinem privaten Hotel dem nächsten Standplatz entgegen, das Leben geniessend, durch nichts trübbar. Und unter mir schnurrt zufrieden der grosse Diesel.

Ich fahre

Es ist eine Autobahn, wie sie überall auf der Welt vorkommen kann. Zweimal zwei Spuren mit Standstreifen, Leitplanken dazwischen. Gradlinig, nicht von dieser Welt. Links und rechts daneben ist die Wirklichkeit. Der Bus pflügt durch den spärlichen Verkehr, die Abendsonne glänzt im Rückspiegel. Die Menschen im Bus vertrauen mir, die meisten von ihnen sind längst eingeschlafen. Sie sitzen seltsam verkrümmt auf ihren mit blauem Velours bezogenen Sitzen, die Augen friedlich geschlossen. Einige lehnen sich an ihre Sitznachbarn, andere krümmen sich voneinander weg. Köpfe kollern auf Scheiben hin und her oder krümeln sich in Vorhänge. An der Decke, zwischen den Sitzreihen, zieht eine blaue Linie aus LED-Lämpchen eine moderne Struktur durch den Bus und hüllt den Fahrgastraum in ein Ufo-ähnliches Licht.

Mein Sitz ist vorne links. Ich fahre, das kann ich am besten. Bei jeder Bodenwelle federt mein Polstersitz sachte auf und ab, er lässt mich die Unebenheiten der Strasse nicht fühlen. Ich schwebe über die Autobahn und der Bus wird zu meiner Hülle. Lautlos bewegen wir uns durch eine Landschaft, die nicht zu uns hereindringt. Vom starken Dieselmotor im Heck höre ich nichts, aber ich kann seine Kraft spüren. Dann und wann blicke ich in den Rückspiegel, beobachte den Verkehr. Stelle den Richtungsblinker, überhole einen langsameren Lastwagen oder Wohnmobile, blicke in den anderen Rückspiegel und schwenke wieder zurück. Die schlafenden Fahrgäste stört das nicht, die Bewegungen und Richtungswechsel geschehen ohne Hektik, ohne Rucken oder Schaukeln. Ein Blick in den Innenspiegel bestätigt mir, dass es meinen Fahrgästen gut geht.

Inzwischen schlafen sie alle. Sie kriegen nicht mit, dass es auf der Gegenspur einen Unfall gegeben hat. Blaue Lichter der Rettungswagen blitzen. Ein Auto brennt, Menschen stehen daneben und halten sich weinend in den Armen. Sie erreichen ihr Ziel heute nicht mehr. Ihr Schicksal hatte andere Pläne. Im Stillen weine ich mit ihnen. Die Strasse ist manchmal unberechenbar und unbarmherzig. Ich wünsche den Menschen gute Gesundheit und hoffe, sie mögen sich von ihrem Schrecken erholen. Dabei halte ich das Lenkrad des schweren Gefährts etwas fester in den Händen.

Ich fahre. Mein Weg ist vorgegeben. Ich begleite Menschen aus einem unglaublichen Urlaubsort zu ihren Liebsten, nachhause. Alle von ihnen nehmen Erlebnisse mit, schöne, verrückte und manchmal auch traurige. Meine Aufgabe ist es, ihnen in den zehn Stunden Fahrt eine Ruhepause zu geben. Das verliebte Pärchen auf der dritten Sitzreihe soll sich noch einmal im Sonnenuntergang sehen. Die Mutter in der Reihe schräg daneben darf sich noch einen Moment lang ausruhen, bevor sie wieder die Leitung eines durchgeplanten Haushaltes übernimmt. Kinder nehmen den Sand des Schlafes aus den Augen und bauen sich, einmal noch, die hübsche Sandburg am Strand. Die Teenagerin freut sich bestimmt schon auf ein schnelles und zuverlässiges Internet. Ich blicke in den Aussenspiegel und sehe die rote Sonne am Horizont. Was für einen schönen Beruf ich doch habe. Ich sitze auf meinem sanft auf und ab schwebenden Sitz und kontrolliere die grosse Maschine, so dass die Menschen darin wie in einer geschützten Seifenblase friedlich ihren Weg gehen können. Die Fahrt ist bloss das letzte Teil des grossen Puzzles namens Urlaub.

Kurz vor dem Zoll erwachen die ersten Passagiere und verschlafene Gesichter blicken in die Nacht hinaus. Sie bemerken erstaunt, wie weit wir schon sind. Ein Lächeln zu mir nach vorne im Innenspiegel sagt "Danke" und eine kleine Träne des Stolzes kollert über meine Wange. Ich bin wach, ich habe die Maschine im Griff. Mein Sitz gleitet auf und ab. Ich fahre.

Jerry (Schweizer Dialektsprache)

Kennsch du de Jerry? Nei, ned de Sohn vom Beck, es esch es Meitschi. Eis wo schuttet. Ond jetzt seisch: Es Meitschi wo schuttet? Das geit doch ned. - Ond wie das geit! Währschaft, blond, um kei Antwort schüch o äbe - ufem Schuttplatz tifig wie chuum es anders. Si dribblet um di angere ume, si esch mau vore, de weder hinge, si schiesst Gou o bringt ihres Team in Front. Das esch äbe Jerry. Immer da, immer voll bir Mannschaft, uf sie esch immer Verlass. Tja ihr Zwyfler, ihr wo gäng aues besser wüssit - Meitschi schutte äbe, derwile Buebe am Bode lige o jammere.

Ond so esch Jerry ou im Läbe näbem Schuttplatz. Si het troumhaft schöni blaui Ouge, vore Tüüfi wome säute gseht. I dene Ouge gsehsch, wede ganu häreluegsch, ned nume Gfröits. Jerry het's ned eifach - si kämpft, si wehrt sich, si dribblet - wie ufem Platz. Aber aus das macht si zu däm, wo si esch. En wunderbare Mönsch, mit Gfüehl, mit Higab ond absolut zueverlässig. Met ihre hesch en Fründin förs Läbe, wede's ned versecklisch.

I dene blaue Ouge gsehsch aber au en Schalk. Si cha de ou boxe, wed' si reizisch. Jerry teilt ou uus, si steckt ned nume ii. Ihre Schalk seit, si esch för so mänge Gspass z'ha. Si het Fröid am Läbe ond gseht d'Wörklichkeit ned gäng nume ärnscht. Si het d'Balance zwüsche vorwitzig ond glich no aständig gfunde, dank ihrer Muetter, ere ebefalls sehr bodeständige ond g'ärdete Frou.

Jerry packt jede Strohhalm, wo sich ihre bietet, demet si es Stück ufem Läbeswäg cha vorwärts goh. Ir Schuel het si's ned immer eifach. Di angere Meitschi send mängisch chli iiversüchtig, wöu si schnäll mau begriffe, dass Jerry äbe mit ihrer bodeständig ehrliche Art guet achunnt - bi Buebe wie ou bi Lehrer. Si het äbe begriffe, dass me ned gäng nume schön mues sii, sondern ächt ond onverfälscht. Ich dänke mängisch, d'Wäut wäri eifacher, we's meh Jerrys gäbti. Hert im näh aber ou gerächt im usteile. Ehrlich, diräkt ond zueverlässig, ned gäng nume Show ond Glammer.

Aber s'Läbe esch ned immer fair. Ond so het es Meitschi wie Jerry äbe ou veli Steine uf ihrem Wäg. Es deheime, wo ned eifach esch, en Fründin, wo komisch tuet o es Rucksäckli vo erläbtem, wo so mängs Anders wörd dra zerbräche.

Ond drum säg ich jetz zu ihre: Hei Jerry - lass di ned usdribble. Du besch so veu schnäuer aus di angere. Du kennsch so veu Tricks, wo alli überrasche. Spiel si uus, nimm dini Chraft ond gang din Wäg. Ich ha di chönne kenne lehre ond das esch eis vo mine beste Erläbnis gsi. Du hesch uf dini eigeti Art en Charme verbreitet, wo chum eine sösch so cha ond wo so mänge gar nid cha verstah. I nume eim Johr händ mer öis dörfe nöcher cho. Du besch en Diamant, wo no ungschliffe isch. Bitte schliif di sälber zu dim beschte, wärtvollste ond lass di ned vo angerne schliiffe. Aui finde gäng, si wösses besser. Aui finde gäng, si müesse der säge, wo düre es geit. Aber dänk eifach ane Schuttplatz - di angere blibe hinger dir stah. Du bisch tifiger ond weisch sälber, wo de besti Wäg düre geit. Ond so chunnsch du zu dim Ziil, so schiessisch du Gou. Ond jede Träffer macht di sicherer ond bringt di angere nöcher ad Verzwiiflig.

Uf dim Wäg wersch dür dini Art so mänge Fründ finde, wo's ou ehrlich mit dir meint. Erkenn si ond bis offe für die Mönsche. Tue di ned eifach verschliesse, wöu'd so veu negativi Erfahrige hesch müesse mache. Es git veli Mönsche, wo glich dänke wie du, wo ou eifach dribble ond ihrem Ziil entgäge göhnd. Ond steu der jetz mau vor, es geit eine am gliche Ziil zue - das git es Fäscht! Ihr zwöi zäme, am renne ond am alli angere uusdribble - ich wünsche dir das vo ganzem Härze, denn es esch en Troum, dir zuezluege.

Ond we du Frömdi dech bim läse jetzt agsproche fühlsch, ou wede ned schuttisch oder ned blond besch: zum Glück get's no meh Jerrys uf dere Wält!

Ketchup

Es gibt einen Planeten namens Ketchup. Direkt hinter dem Mond rechts, in die Ketchupstrasse, dann die erste Planetenreihe links und nach einem Ketchmeter (= 1111 km) ist man am Ziel: auf dem Planeten Ketchup. Er umkreist eine Sonne namens Ketchlight und hat einen Mond namens Ketchdown. Auf dem kleinen Planeten gibt es drei grosse Flüsse, namens Aarchup, Reuchup und Limmchup. Die drei Flüsse sind schön blau. Ausser den Flüssen gibt es natürlich auch Bewohner, die recht wunderlich aussehen. Ihre Kinder gehen zur Schule (in letzter Zeit nicht so gerne, weil man auf Ketchup sparen muss). Es hat auf diesem Planeten viel Wald, Wiesen und Häuser. Es sieht etwas aus wie im Kanton Aargau. Es gibt jedoch einen wichtigen Unterschied: Der Planet Ketchup besteht aus Wundersteinen. Diese Steine schmecken nach Gewürzen.

Als vor längerer Zeit auf Ketchup ein Gabelstapler mit einer Ladung Tomaten auf dem Weg zur Konservenfabrik wegen ein paar Steinen umkippte, fielen alle Tomaten zu Boden. Dadurch bekam die Tomatenmatsche einen würzigen Geschmack. Es war ein Wunder, dass die Bewohner des Planeten Ketchup diese Brühe sehr mochten. Deshalb verursachten die Bewohner des Planeten absichtlich neue Unfälle.

Immer schneller fuhren die Bewohner in die Kurven. Als ein Gabelstapler neulich absichtlich einen Unfall verursachen wollte, kippte er zu schnell um. Deswegen spritze die Brühe bis ins Weltall, schwebte durch die ganze Galaxie bis auf unsere Erde.

Wie durch ein Wunder ist die Brühe heil auf die Erde gespritzt. Ein sogenannter Dr. Heinz entdeckte die Spritzer auf der Erdoberfläche. Nach langem Analysieren hat Dr. Heinz herausgefunden, dass es ein Gemisch aus Tomaten und Gewürzen ist. Er hat ebenfalls mit Astronomen festgestellt, dass die Sauce vom Planeten Ketchup stammt. Die Menschen auf der Erde lieben diese Brühe, sie giessen sie über Kartoffeln, aufs Brot, über die Bratwurst oder einfach über alles, was sie essen wollen. Deswegen stellt Dr. Heinz sie immer noch her.

(geschrieben 1980, im Alter von 13 Jahren)

Kleingeschriebenes

Gesetze[1], Verträge[2], Beschlüsse[3], Bedienungsanleitungen[4] - solche Texte[11] sind furchtbar zum Lesen. Sie eignen sich nicht als Feierabendbuch[5]. Dauernd wird der Lesefluss[6] durch die kleinen Zahlen[7] unterbrochen, welche den Leser[8] zu einem weiteren Abschnitt[9] leiten sollen, wo ein zweideutiges oder auch nur nicht eindeutiges Wort[10] verdeutlicht werden soll. Somit besteht ein derartig aufgebauter Text[11] aus einem Hauptteil[12] und einem Nebenteil[13], den Fussnoten[14]. Der Sinn[28] des Nebenteils[13] soll, wie oben erwähnt, Aufklärung[15] über den Sinn[28] des Hauptteils[12] sein. Der Nebenteil[13] ist kleiner gedruckt, oftmals so klein, dass man es ab einem gewissen Alter[16] gar nicht mehr lesen kann. Das widerspricht, genau genommen, seiner eigentlichen Bestimmung, wird aber allgemein akzeptiert. Die geringe Schriftgrösse hat vor allem zwei Gründe. Einerseits spart man damit Platz[17], was praktisch ist, denn der vorhandene Raum[18] sollte ja für den meist etwas wichtigeren Hauptteil[12] zur Verfügung stehen. Andererseits kann man in den Fussnoten[14], dem Kleingedruckten[19], weitere Bestimmungen und Verordnungen unterbringen, welche man im Hauptteil[12] nicht zu äussern wagt. Das Kleingedruckte[19] in einem Vertrag[2] kann daher unter gewissen Umständen[20] plötzlich ganz gross werden und im Zentrum[21] stehen, ohne dadurch zum Hauptteil[12] zu mutieren, versteht sich.

Allein die Tatsache, dass du bis hierher gelesen hast[22], ertappt dich als aufmerksamen Leser[8] solch verworrener Texte[11]. Gut gemacht[23], denn du lässt dich weder verwirren noch an der Nase herumführen[24].

Fussnoten - Lesen auf eigene Gefahr; jede Haftung wird abgelehnt.

1   Gesetz, das - allgemein gültige Ordnung in Gruppen von Menschen[25]; Gruppenmitglieder halten sich daran, setzen sich.

2   Vertrag, der - als Kinder[25,a] hat man sich nach einem Streit wieder vertragen. Erwachsene[25,c] regeln das im Voraus, vor dem Streit. Sie schreiben auf, wie sie sich verhalten wollen. Dieser Text[11] heisst dann Vertrag[2] und untersteht dem Gesetz[1].

3   Beschluss, der - etwas weniger stark als ein Vertrag[2], untersteht jedoch auch dem Gesetz[1]. Es gelten die gleichen Verhaltensmuster wie beim Vertrag[2].

4   Bedienungsanleitung, die - erklärt, auf welche Art und Weise ein Mensch[25] (hier: Nutzer) eine Sache (Maschine, Medikament oder ähnlich) nutzen soll. Meist für Amerikaner viel ausführlicher als für andere Menschen[25].

5   Ein Feierabendbuch ist ein Buch, welches man nach getaner Arbeit zur Hand nimmt und sich damit den verdienten Feierabend versüsst. Der Abend wird gefeiert - daher der Terminus[30] "Feierabend"

6   Wenn man des Lesens mächtig ist, fällt es einem leicht. Die gelesenen Worte[10] fliessen unter den Augen hindurch und der Textinhalt wird zum Gehirn weiter geleitet, wo er in fantasievolle Bilder umgewandelt wird. Man nennt das auch Kopfkino.

7   Bestandteile der Mathematik; ursprünglich erfunden, um Mengen von Getreide zu archivieren, heute vor allem dazu verwendet, um in Form von Noten[26], an Schulen[27] Jugendliche[25, b] zu beurteilen und in gesellschaftlichen Schubladen zu versorgen.

8   Menschen[25], die versuchen, einem geschriebenen Text[11] dessen Inhalt und Sinn[28] zu entlocken - Menschen[25] wie du / Um politisch korrekt[29] zu sein, sei hier erwähnt, dass im ganzen Text[11] überall sowohl die weibliche als auch die männliche Form von Nomen gemeint ist und nur aus Mangel an Platz[17] auf deren Doppelnennung verzichtet wird.

9   Abschnitte sind abgeschnitten - sie stehen alleine da und doch stehen sie im Zusammenhang mit dem Rest. Im Grunde sind sie sogar die Bestandteile eines Textes[11].

10 Worte sind die Bauteile von Texten[11]. Sie sind demzufolge ein Baustoff für Brücken und Luftschlösser. Siehe dazu auch den Text[11] "Worte" weiter hinten im Buch.

11 Als Text bezeichnet man eine Ansammlung von Worten[10]. Meist ergeben Texte einen Sinn[28]. Dieser hier ist jedoch die Ausnahme, welche die Regel bestätigt: Er ergibt absolut keinen Sinn und dient, wie ein Feierabendbuch[5], nur der Unterhaltung der Leser[8].

12 = der wichtigere Teil eines Textes[11]. Ergibt mehr Sinn[28].

13 = der weniger wichtige Teil eines Textes[11]. Erklärt den Hauptteil[12] näher, damit der Leser[8] den Sinn[28] erkennen kann.

14 Der Fuss eines Menschen[25] ist meistens unten. Note[26] kann auch Notiz bedeuten, ohne zu werten. Es geht also nicht darum, die Füsse von Menschen[25] zu benoten[26], sondern einfach darum, unter einem Text[11] seinen Senf dazu zu geben.

15 Es klart auf / wird klarer / der Sinn[28] wird deutlicher, sofern vorhanden.

16 siehe dazu auch[25, a-c] / ab zirka fünfzig Jahren können die Arme (meist eher oben-seitlich) zu kurz werden, um einen Text[11] noch lesen zu können - p.s. Wenn Sie das ohne Brille lesen können, sind Sie entweder noch nicht 50, zu nah am Bildschirm oder schummeln mit der Zoomfunktion.

17 siehe 18

18 siehe 17, aber nicht länger als eine Stunde hin und her. Zu Risiken und Nebenwirkungen fragen Sie Ihren Psychiater.

19 Worte[10], die von Lesern[8] selten beachtet werden.

20 Zum Beispiel dann, wenn dir ein Rentier geliefert wird und du dich nicht erinnern kannst, eines bestellt zu haben.

21 Hier nicht zum Einkaufen gehen. Ist der Mittelpunkt eines Kreises; meist in Verbindung mit Mathe und Zahlen[7] in der Schule[27].

22 Nicht aufgeben; Es ist nicht mehr weit; Nur Mut, du hast es bald geschafft!

23 Positive Bewertung deiner Leseleistung. Metapher aus der Schule[27]. Motivierende Wirkung - siehe dazu auch 22.

24 Falls das Rentier aus Fussnote[14] Nummer 20 eine rote Nase hat, kannst du ihr einfacher folgen. Nenne das gute Tier in diesem Fall "Rudolf".

25 Lebewesen, das aufrecht geht, spricht, schreibt und rechnet. a) kleines Exemplar; plappert viel, kackt in Windeln, süss und knuddelig b) mittelgrosses Exemplar; weiss alles besser, bekannt für plötzliche Stimmungswechsel oder Wutausbrüche; versprüht positive Lebensenergie c) grosses Exemplar; versucht alle anderen herumzukommandieren (extreme Exemplare nennt man dann Chef oder Lehrer); lässt andere an seiner Erfahrung (siehe dazu auch den Text[11] "Koffer") teilhaben.

26 = Zahl[7], die eine erbrachte Leistung werten soll. Oftmals dazu missbraucht, Rückschlüsse über den Menschen[25] zu ziehen. Wurde von Schulen[27] erfunden.

27 = Ort, wo sich Menschen[25] der Grössen a und b aufhalten. Sie lernen dort mit Zahlen[7] umzugehen, Texte[11] zu schreiben und Bücher[3] zu lesen. Aufenthaltsort der extremen Exemplare "Mensch Grösse c".

28 = Daseinsberechtigung oder einfach das, was diesem Text[11] hier total fehlt.

29 = zu gut Neudeutsch: Political Correctness. Also immer schön alle zufrieden stellen. Zum Beispiel: der Mensch und die Menschin.

30 = Wort[10]; Fachbegriff. Aber auch: Schluss, Ende, Feierabend[5]. Gratuliere dir Leser(in)[8]. Du hast es geschafft (siehe auch 23).

Koffer

Koffer packen; Koffer auspacken; Koffer-Markt; Kofferraum; Kofferträger. Wir verbinden Koffer mit Reisen. Wenn ein alter, verschlissener Koffer erzählen könnte - welche wäre wohl seine Geschichte?

Hergestellt in einer kleinen Manufaktur, beim Sattler. Es riecht nach frischem Leder, nach Gerbstoffen, nach Lösungsmitteln, nach Stoff und nach Holz. Mit geschickten Fingern und viel Herzblut formt der erfahrene Mann die eckige Form aus dem leichten Holz. Dann wird ausgekleidet - innen mit edlem Stoff, aussen mit hellem Leder. Nobel soll er werden, dieser Koffer. Er ist für eine Dame von Welt, da wird nicht gespart.

Die erste Reise führt ihn mit der Eisenbahn über Berge, vorbei an der Weltstadt Wien weiter über die Ungarische Tiefebene bis weit nach Russland hinein. Er ist beladen mit samtenen Kleidern, edlen Wollhandschuhen, mit wärmenden Tüchern und Pelzen. Der neue, gut riechende Koffer reist sorgfältig gestapelt im Gepäckwagen des eleganten Zuges. Viele ähnliche Reisen wird er mit der Dame unternehmen, bis sie diese Welt schliesslich vor ihm verlässt.

Der Koffer reist danach mit der Tochter weiter. Die vielen Reisen hinterlassen Spuren - ein Spitzer Gegenstand in Moskau, eine Hausmauer in Athen, Regenwasser in London, Schnee in Stockholm. Das Leder wirkt von der Sonne Siziliens etwas ausgebleicht, beinah rissig. Das Leben hinterlässt bleibende Spuren, auch bei einem Koffer, durch nichts zu löschen. Bei den Menschen nennt man diese Spuren 'Erfahrung', beim Koffer bloss 'Verschleiss'.

Irgendwann landet der Koffer in einer Garage, dann in einem Brockenhaus. Dort liegt er lange, verstaubt und mit dem muffigen Weltgeruch untrennbar verbunden.

Schliesslich entdeckt ihn eine junge kreative Frau, die genau so einen Koffer für ihren Koffermarkt sucht. Sie nimmt ihn mit nachhause, reinigt ihn und pflegt das Leder - noch einmal kann der Koffer seinen alten, noblen Geruch verbreiten, einen Hauch der vergangenen Noblesse. Der Koffer wird ausgestellt und mit ihm die kleinen Gegenstände, welche die Frau verkaufen möchte. Obwohl er ursprünglich zu einem ganz anderen Zweck hergestellt wurde, erfüllt er die neue Aufgabe perfekt.

Man weiss nie, wohin das Leben einen führt, welche Aufgaben man darin erfüllen darf. Es spielt auch keine Rolle, denn was wirklich zählt, ist dass man seine Erfahrung nutzt und die Herausforderungen der Gegenwart mit viel Herzblut angeht, so gut man eben kann. Genau wie der alte Sattler, denn nur so entstehen noble Sachen wie der Koffer.

Konjunktiv II

Der Konjunktiv II, also was wäre wenn, der ist bei allen Schülern unbeliebt. Die meisten erwachsenen Menschen nutzen ihn nur beim Kartenspiel: "Hätte ich anstatt der Neun ein Ass gespielt, so wäre dein König nutzlos gewesen." Aber auch König Fussball lebt vom Konjunktiv: "Hätte der Ball nicht die Latte gestreift, so wäre er unhaltbar im Tor gelandet." - Was für eine tiefgründige Weisheit doch in manchem Konjunktiv II steckt. Selbst Sorgen werden im Konjunktiv II ertränkt: "Hätte ich gestern Abend bloss nicht so viel getrunken - es ginge mir heute deutlich besser."

Der Konjunktiv II, also was wäre wenn, der ist jedoch weit mehr als bloss eine weitere grammatische Plage für Schüler. Er lässt Raum für Fantasien und für Träume. Somit nutze ich ihn heute, um einen möglichen Brief zu schreiben.

Hejhej

Ich wünschte mir, du wärst heute bei mir. Wir hörten die selbe Musik, wahrscheinlich hättest du eine Playlist zusammengestellt. Sie würde perfekt zu jeder Stimmung passen und wir sässen da und hörten zu. Wir würden nebeneinander aufs Meer blicken und der Wind wäre plötzlich nur noch halb so lästig. Selbst die Kälte wäre kaum mehr Kälte, sie wiche der Wärme, welche nur wir beide spüren könnten. Wir könnten über so viele Dinge miteinander diskutieren und die alltäglichen Sorgen würden verschwindend klein, selbst emsige Ameisen wären grösser. Wir könnten uns verhalten wie die flinken Eichhörnchen auf dem Baum, der uns die Sicht aufs Meer raubte. Dahinter würde das Wasser blauer, mit dir wäre alles bunter.

Zusammen könnten wir Städte besuchen, Eis schlecken und gemütlich am Strand ein Picknick halten. Abends würden wir uns ein Restaurant suchen, du dürftest entscheiden, wonach dich gelüstet. Kerzenlicht würde dein Gesicht in weiche Farbnoten hüllen, du sähst glücklich aus. Das

*Essen schmeckte auf einmal würziger mit dir, der Wein unterstützte die
Stimmung und hüllte uns langsam in seinen angenehmen Nebel.*

*Wir würden danach am Strand entlang zu unserem wohl ausgesuchten
Hotel schlendern und weiter diskutieren. Es gäbe kein Thema, welches
wir nicht besprechen könnten. Wir wären glücklich und es gäbe keinen
Morgen. Ich wünschte mir, du wärst hier, damit ich dir sagen könnte, wie
sehr ich dich mag.*

Wo, bitte schön, ist hier der unbeliebte Teil des Konjunktivs? Ist er
nicht vielmehr wunderbar? Ich glaube, der Konjunktiv ist nicht erfunden
worden. Er ist ein natürlicher Teil von uns, lebt in allen unerfüllten
Träumen und Sehnsüchten der Menschen. Viele von uns sollten öfter der
strengen Welt des Indikativs entfliehen, los fliegen in den Konjunktiv und
sich voll und ganz dem hingeben, was sein könnte. Puristen sagen,
Träume seien Schäume. Ich aber sage: Wer mag schon einen Cappuccino
oder ein heisses Bad ohne Schaum? Schaum gehört dazu, er ist die Krone
jeden Genusses. Also, meine lieben Mitmenschen, lebt mehr im
Konjunktiv. Lasst uns den nächsten Tag vom Konjunktiv bestimmen und
nur das tun, was wäre, wenn die eine oder andere Person da wäre. Nur so
handeln, wie wir handeln würden, wenn wir frei entscheiden könnten. Uns
nur so benehmen, wie wir uns eigentlich schon lange einmal benehmen
möchten. Legen wir die Fesseln des Alltages einmal ab und ertrinken in
den Möglichkeiten des Konjunktivs!

Die Folge davon ist ganz Indikativ: Es geht uns deutlich besser als
zuvor. Und dabei wischen wir uns breit grinsend den Schaum von der
Oberlippe, atmen tief aus und lehnen uns zufrieden zurück. Das Leben
ist wunderbar.

Küche - Sprüche

Ich hab' mit dir ein Hühnchen zu rupfen.
O-oh, darf ich dir noch etwas Honig um den Mund streichen?

Jetzt mal abwarten und Tee trinken.
Heute ist nicht gut Kirschen essen mit dir.

Ich lasse eben nichts anbrennen.
Aber auch du kochst nur mit Wasser.

Willst du mir etwa in die Suppe spucken?
Nein, denn dir kann ich das Wasser nicht reichen.

Das Leben ist nun mal kein Zuckerschlecken.
Das ist so klar wie Klossbrühe.

Zu allem musst du deinen Senf dazu geben.
Und du spielst danach die beleidigte Leberwurst.

Hau mich nicht in die Pfanne! Hörst du?
Ich krieg' das einfach nicht gebacken: Was willst du eigentlich?
Habe ich was ausgefressen?

Nein, ich habe nur ein Haar in der Suppe gefunden.

Aha, schenke mir doch bitte reinen Wein ein.

Ich...ich habe einen Narren an dir gefressen.

Du bist eine harte Nuss.

Man ist, was man isst.

Ja, genau, bis man den Löffel abgibt.

Willst du in den sauren Apfel beissen?

Ich weiss nicht genau. Ich will nicht in Teufels Küche kommen.

Ich lasse mich nicht gern durch den Kakao ziehen.

Der Appetit kommt mit dem Essen.

Nun habe ich richtig Kohldampf.

Tja, Liebe geht durch den Magen.

Mir ist das alles Wurst.

Liebeskummer

Das Handy hat heute noch nicht vibriert. Hat er mich vergessen? Wieso denkt er nicht an mich? Ich bin zuhause, wache nur auf, um von ihm zu lesen. Er fehlt mir so sehr. Seine Hände, seine Stimme, sein Geruch. Ich bin eine Pflanze ohne Wasser, vertrockne in der dürren Erde ohne ihn. Keine Nachricht seit gestern Mittag. Was ist los? Hat er eine andere getroffen? Ich halte es nicht aus. Noch drei Tage bis Freitag. Und wenn er nicht mehr kommt? Zum tausendsten Mal hebe ich das Handy hoch, es liegt immer griffbereit. Wenn ich bloss an ihn denke, beginnt mein armes verlassenes Herz schneller zu schlagen. Ich habe keinen Appetit. Die Gedanken rasen und das Handy vibriert noch immer nicht. Was sagt Mutter? Helfen... - wobei helfen? Ich kann nicht, fühle mich krank, habe keine Energie? Der Staubsauger macht einen solchen Lärm. Bitte nicht weiter machen, ich höre mein Handy ja gar nicht mehr. Und wenn er jetzt gerade anrufen will? Was, wenn ich ihn verpasse? Ich kann meiner Mutter gar nicht helfen gehen, er könnte jetzt dann gleich anrufen oder schreiben. Ich will für ihn da sein, ich bin bereit. Ach, er fehlt mir so sehr. Ist noch nicht Freitag?

Diese Ferien habe ich schon lange gebucht. Weg fahren und noch einmal die Wärme geniessen, bevor der Winter kommt. Ihr Gesicht nehme ich in Gedanken mit und sie fehlt mir jetzt schon. Ich geniesse das Nichtstun und vor allem auch die Tatsache, einmal offline zu sein. Umso schöner ist das, wenn ich weiss, wer nach den Ferien zuhause auf mich wartet. Sie ist so schön. Ihre blauen Augen strahlen mich an und ich freue mich jetzt schon darauf, sie wieder in meinen Armen halten zu können. Ich werde ihr von all den tollen Plätzen berichten, ihr erzählen, was wir gemacht haben, was ich erleben durfte. Ich habe ihr gestern diese schöne Kette gekauft. Sie wird an ihrem Hals einfach wunderbar aussehen. Sie fehlt mir und dieses Fehlen, dieses Wissen, lässt mich meine Ferien umso mehr geniessen. Das Schöne im Kopf, das Schöne im Herzen und gleichzeitig Schönes vor den Augen. Ich bin verliebt in sie und sie wartet auf mich.

Das Handy vibriert nicht. Ob ich ihm schreiben soll? Es ist schon Mittag. Hoffentlich hat er mich noch nicht vergessen. Es gibt bestimmt hundert schöne Frauen an dem Ort, wo er einfach ohne mich hingefahren ist. Es regnet, Langeweile macht sich breit und ich verzweifle ohne ihn. Ich schreibe jetzt. Und wenn er nicht antwortet? Die letzte Nachricht hat er auch noch nicht geöffnet - die beiden Häkchen sind noch grau. Interessiert es ihn nicht mehr, wie es mir geht? Es ist erst Mittwoch. Ich bin traurig und energielos. Nichts kann mich aufheitern. Weshalb bloss ruft er nicht an?

Dieser Hafen mit seinen kleinen Bistros ist einfach wunderbar. Ich stelle mir vor, mit ihr hier zu sein. Ihr Parfüm ist in meiner Nase, ihre Haare bewegen sich im Wind. Zum Glück habe ich mein Handy nicht dabei. Ich will den Augenblick geniessen und mir vorstellen, wie es wäre, mit ihr hier zu sein. Dann kann ich ihr davon berichten. Es hat hundert schöne Frauen hier und alle erinnern mich bloss an sie. Es ist so schön, geliebt zu werden. Jeden Tag habe ich tausend neue Eindrücke, sehe unendlich schöne Plätze und plane bereits, ihr diese eines Tages zu zeigen. Die Reise mit ihr zu wiederholen. Seit ich sie kenne, ist mein Leben reicher geworden. Ich freue mich auf Freitag, so schräg das sich im Urlaub auch anhören muss.

Warum vibriert das Handy nicht. Ich kann so sicher nicht einschlafen. Er fehlt mir.

Mamma, halt die Klappe!

Ich bin vierzehn und ich gehe in die Oberstufe. Ich bin ein typischer Junge. Ich bin ein Schlitzohr, ich renne gerne rum, fahre Mofa. Ich habe Spass mit meinen Kumpels und ich mag es nicht, wenn ich viel arbeiten muss. Ich bin vierzehn und ich kann weder lesen noch schreiben. Meine Mutter sagt, daran sei die Schule schuld. Die unfähigen Lehrerinnen hätten mir bisher einfach nichts beigebracht und mich nicht richtig geschult. Sie gibt mir dann Bücher, welche ich in einem bestimmten Zeitraum lesen soll. Ich weiss nicht wie. Das macht mich traurig und meine Mutter wütend. Vielleicht sollte ich an dieser Stelle kurz erklären, wie meine Mutter so ist.

Meine Mutter ist eine typische Übermutter. Sie will immer alles ganz genau wissen. Alle werden kritisiert: "Guck mal, was die mit ihrem Kind macht! Das geht doch nicht, die macht das falsch." Meine Mutter holt mich überall ab und bringt mich überall hin. Sie lässt mich nicht alleine gehen. Mamma kontrolliert alles. Mich, unsere Familie, die Schule, die Lehrerinnen, die Nachbarn, das Dorf. Mamma sorgt sich immer um alle und hilft immer sofort - auch wenn niemand nach Hilfe gefragt hat. Sie kontrolliert die Korrekturen der Lehrerin. Wenn sich dort ein Fehler findet, nimmt sie sofort Kontakt auf und will das richtig gestellt haben.

Neulich habe ich mich im Sport verletzt. Ich bin ungeschickt aufgetreten und hingefallen. Mein Knie ist angeschwollen und ich musste es untersuchen lassen. Die Lehrerin hatte es nicht sehen können, denn sie musste gleichzeitig ein Problem zweier Mitschüler lösen. Meine Mutter machte daraus ein ziemliches Drama. Sie beschimpfte die Lehrerin, sie hätte es sehen müssen und sie nehme ihre Aufsichtspflicht nicht wahr. Mir war das Ganze ziemlich peinlich, aber ich habe gelernt zu schweigen. Bei meiner Mutter gibt es sowieso nur zwei Möglichkeiten, richtig zu reagieren: Entweder du stimmst ihr zu, dann wird sie deine Freundin oder du sagst gar nichts. Dann bist du zwar nicht ihr Freund, wirst aber auch nicht angegriffen. Wenn du es aber wagen solltest, meiner Mutter zu widersprechen, dann nehme dich in Acht. Dann wirst du ziemlich zu kämpfen haben. Dann wirst du jede deiner Handlungen erklären müssen. Auch mein Vater hat gelernt zu schweigen, aber das ist eine andere Geschichte.

Ach, ihr Übermütter, lasst uns doch bitte unsere Erfahrungen selbst machen. Wie sollen wir eine Persönlichkeit entwickeln, wenn ihr uns alle schwierigen Entscheidungen abnehmt? Wie sollen wir lernen zu streiten, wenn ihr euch immer für uns einsetzt? Wie können wir erfahren, was Freunde sind, wenn ihr immer entscheidet, wer gut und wer schlecht für uns ist? Wieso soll ich meinen Kumpel anlügen und schlecht finden, nur weil du mit seiner Mutter nicht mehr gut auskommst? Weshalb darf ich nicht mit dem Fahrrad zur Schule fahren und alle die spannenden Dinge auf meinem Schulweg erleben? Weshalb sind alle meine Lehrerinnen schlecht?

Die Schuld liegt immer bei den anderen. Eigene Fehler gibt es nicht, oder dann weiss man sie irgendwie so zu drehen, dass die Schuld wieder bei den anderen liegt. Darin sind Übermütter besonders gut. Je mehr Schlechtes sie an anderen Orten entdecken, desto weniger genau wird zuhause hingeguckt. In diesem Punkt erinnern sie mich an gewisse Herrscher, welche lieber Krieg führen, als sich um ihr Volk zu kümmern. Mamma, schau, ich hätte eigentlich deine Hilfe nötig. Aber du rennst lieber zur Schulleitung, um sie drauf hinzuweisen, mein Kumpel habe ein Problem. Er hat doch kein Problem, ich weiss es doch, er ist ja mein Kumpel. Bitte hör mich an und halt endlich mal die Klappe! Ich bin vierzehn. Mamma, ich möchte doch endlich lesen und schreiben lernen.

Mein guter Rat

Heute habe ich von meiner Klasse Schokolade erhalten. Ich würde euch Schülerinnen und Schülern nun gern etwas sagen (Lehrer können ja nie die Klappe halten und 'danke' allein reicht ihnen nicht....)

"Vergiss nie das Kind in dir" - einer meiner Lieblingssprüche. Heute habe ich euch gesagt, die Kindheit sei nun vorbei. Das ist kein Widerspruch. Als Teenie beginnt die Zeit, wo man das Selbstbewusstsein, die Eigenverantwortung, das Pflichtbewusstsein und die Zuverlässigkeit der Erwachsenen entdecken muss. Zusätzlich aber soll man die Fantasie, die Flexibilität und die kindliche Freude und Neugier nie verlieren. Mit einer ausgeglichenen Mischung aus all diesen Eigenschaften habt ihr gute Chancen, zufrieden und gesund durch euer Berufsleben zu gehen.

Was ist die Schule? Ein Ort des Lernens? Ein Ort des Frustes? Ein Gefängnis? Eine Qual und Folter? - Hmm, schwierige Frage. Nehmen wir die kindliche Neugier, welche ihr ja nicht vergessen habt, dann ist es ein interessanter und freudiger Ort, denn ihr könnt viele neue Dinge erfahren. Nehmen wir das Pflichtbewusstsein und die Eigenverantwortung dazu, dann ist es ein Ort des Lernens, denn ihr könnt Fortschritte erzielen und begreift neue Dinge immer schneller.

Die Schule hat aus meiner Sicht zu Unrecht einen schlechten Ruf. Sie bringt mehr, als dass sie euch kostet. Gratis werden euch täglich Dinge erklärt und gezeigt, welche ihr später in eurem Berufsleben brauchen könnt. Viele Jugendliche verwechseln Unterhaltung mit Lebensinhalt. Sie meinen, ein Leben mit Youtube, Snapchat und Instagram sei das erstrebenswerte Ziel. Sie denken, es sei wichtig, auf welchem Level man sich im neuesten Game befinde. Dabei sind Social Media, Youtube und Games nur Unterhaltung. Niemals dürfen sie zum wichtigsten Inhalt einer Arbeitswoche werden. Niemals dürfen sie echte Freunde, echte Diskussionen mit echten Menschen ersetzen.

Ich weiss, Schule ist auch der Ort, wo man Dinge tun muss, die man normalerweise nicht tun möchte. Ja. Aber das liegt auch daran, dass Schule in einer technisierten Welt wie der unsrigen nach Ideen aus einer analogen Welt von vor hundert Jahren aufgebaut ist. Daran können wir spontan nichts ändern. Es bleibt bloss die Hoffnung, dass künftige Generationen (also ihr...) es schaffen, der Schule einen modernen Rahmen und damit auch wieder mehr Freude zu geben. Ich empfehle euch aber folgendes: Nehmt aus dem reichen Angebot, welches ihr täglich erhaltet, möglichst viel mit. Je mehr ihr wisst, je mehr ihr hinterfragt und lernt, desto interessanter wird Schule und das Lernen an sich. Bindet Schulstoff nicht an Lehrpersonen. Sie sind nicht wichtig. Geschichte ist interessant und lebensnotwendig (der kleine Ivan wird vom Bären gefressen, wenn er nicht lernt, was seine Vorfahren ihm über Bären erzählen). Mathe trainiert die Flexibilität im Denken und hilft euch, komplexe Probleme möglichst einfach zu lösen (beispielsweise dann, wenn ihr einen Kinderhütedienst organisieren sollt, während im Keller Wasser einläuft, in der Küche die Milch überkocht und die kleinen Zwillinge einander im Garten an den Kragen gehen), Sprachen sind hilfreich im Verstehen und Kennenlernen fremder Welten und Menschen. Eine Welt, die man kennt und versteht, ist nicht mehr bedrohlich.

Drum: ändert bitte eure Einstellung zur Schule. Kommt an einen Punkt, an dem ihr lernen WOLLT und nicht mehr *müsst*. Das einzige, was ich euch nicht lehren kann, ist die grundsätzlich positive Einstellung zu neuen Dingen. Und denkt immer dran: Noch nie hat jemand etwas gewusst, bevor er es gelernt hat. Habt keine Angst vor Prüfungen. Lehrer, die euch prüfen, bevor ihr etwas habt lernen können, haben nicht begriffen, wie lernen funktioniert. Aber Schüler, die vor jeder Prüfung Angst vor dem Misserfolg haben, genauso wenig. Schule macht Spass - und ich höre schon ein total begeistertes "Jo, mega!" von der hintersten Reihe zu mir hervorklingen.

ALLES GUTE - und danke für die Schokolade und die lieben Worte.

Menschen am Tisch

Da sitzen vier junge Menschen an einem Tisch. Offensichtlich zwei Paare, die beiden Männer sind ebenso offensichtlich Brüder. Sie haben den gleichen Gesichtsausdruck, die gleichen Augen, das gleiche Lachen. Am Tisch wird nicht gesprochen. Die vier jungen Gesichter blicken stumm auf vier kleine Bildschirme von vier Handys, jeder für sich. Die moderne Kommunikation funktioniert nun mal über Social Media - obwohl in meinen Augen das Wort "sozial" hier völlig fehl am Platz ist. Was ist wohl interessanter als die momentane Gesellschaft des Bruders und der Freunde? Das Handy hat unsere Gesellschaft stark verändert. Es scheint wichtiger zu sein, was man auf Instagram posten kann, als was man in echt erleben könnte.

Zwei Tische weiter sitzen ebenfalls vier junge Menschen, ebenfalls zwei Paare, mit einem Kleinkind diesmal. Das Baby hat die kleine Gesellschaft im Griff. Er steht im Zentrum und geniesst es sichtlich. Damit der Kleine zwischendurch etwas Ruhe gibt und die Mutter einen Schluck ihres Café Latte geniessen kann, gibt sie ihm das halb leere Zuckertütchen. Der Zucker hat im ersten Moment sicher die erwartete Wirkung. Der Kleine ist abgelenkt und klaubt mit seinen Fingerchen den süssen Inhalt aus dem Papier um diesen dann von den Fingerkuppen zu lecken. Es mag wenig erstaunen, dass dem ersten Tütchen kurz darauf ein zweites folgen muss. Ich wüsste zu gern, welche Energie der Kleine in etwa einer Stunde haben wird.

Ganz hinten im pompösen Saal sitzt eine ältere Frau alleine an ihrem kleinen Tisch. Es ist dieselbe Frau, welche sich am Vorabend in der Bar beschwert hat, es gäbe kein wirklich unterhaltsames Fernsehprogramm. Lesen könne sie abends nicht mehr und ohne Unterhaltung komme sie nun eben an die Bar und trinke ein Bier. Die Frau trinkt ihren Cappuccino alleine und wirkt auf ihre eigene Art zugleich zufrieden und etwas traurig. Welche Geschichte wohl hinter ihr steckt? Was hat sie bewogen, hier her zu reisen und die Festtage alleine inmitten fremder Menschen zu verbringen?

Die zwei jungen Frauen in der anderen Ecke des Saales sitzen am gleichen Tisch wie jeden Morgen. Sie reden wenig, offenbar planen sie den heutigen Tag. Sie wirken wie Freundinnen, welche sich eine Auszeit oder bloss ein paar Tage für sich gönnen. Sie erkunden die Stadt und freuen sich auf die Abenteuer, die sie erleben werden.

Viel betrübter sieht das Paar mittleren Alters aus, welches drei Tische daneben sitzt. Er holt sich sein Essen und sie kommentiert, er habe doch bloss noch ein Spiegelei essen wollen. Zurück am Tisch fragt sie nach dem Besteck und bemerkt, dass er zwar seines mitgenommen, ihres aber vergessen habe. Das sind in zehn Sekunden zwei Fehler und dies bereits vor neun Uhr morgens. Wenn der Tag im gleichen Rhythmus weiter geht, füllt er sein Fehlerkonto bis zum Abend ganz arg auf. Welches Gefühl das wohl sein mag, jede Bewegung, jede Bemerkung auf die berühmtberüchtigte Goldwaage legen zu müssen?

Ein junges Paar betritt den Saal. Er geht männlich erhaben voran, sie riecht nach Geld und wirkt etwas gereizt und dennoch unsicher. Selbstverständlich sucht sie den Tisch aus und ebenso selbstverständlich ist es nicht jener, welchen er als ersten ansteuert. Er bestellt ihren Café Latte, welchen sie sofort in einen Cappuccino mit viel Milch abändert. Das Aussuchen des Frühstücks ist filmreif. Sie kommt mit einem prall gefüllten Teller zum Tisch zurück, er mit einem Stück Brot und einem Saft. Sie reden wenig und essen jeder in seiner eigenen Welt.

Die noble Dame mit Hut kommt als eine der letzten und setzt sich an den einzigen reservierten Tisch. Es ist dieselbe Dame, welche zwei Abende zuvor spät in der Nacht angekommen ist, sich über Müdigkeit beklagt und einen Rotwein genossen hat. Noblesse oblige. Sie verbreitet Respekt und Ehre indem sie ganz einfach ihren Cappuccino umrührt.

Meran

Vom Ofenpass her kommt man ins Vinschgau, ins Südtirol. Die Fruchtbäume säumen die Strasse, im Frühling in voller Blütenpracht. Auf den Berghängen stehen Wehrburgen und zeugen von längst vergangenen Zeiten. Glurns, die durch eine Wehrmauer geschützte Kleinstadt zeigt dem Reisenden: Du bist im Südtirol angekommen. Die Menschen sind offen und freundlich. Sie haben die italienische Gelassenheit und die deutsche Zuverlässigkeit. Das macht das Vinschgau so attraktiv. Sofort fühlt mach sich zuhause, aufgenommen. Zu keinem Moment hat man das Gefühl, ein wirklich Fremder zu sein.

Am östlichen Ende dann liegt Meran. Die Stadt mit ihrem eigenen Charme. Jedes Mal, wenn ich ankomme, habe ich das Gefühl, heimzukommen. Das Hotel liegt gleich ausserhalb des Zentrums, am Corso della Libertà. Ein Bau im Jugendstil, ein Hotel, das eine eigene lange Geschichte ausstrahlt. Das Treppenhaus ist mit dickem rotem Plüsch bezogen. Die Geländer unter den Eichen-Handläufen sind aus golden lackiertem Eisen. Von den Stukkaturdecken hängen Kronleuchter. Einige Minuten zu Fuss und ich bin am Fluss, an der Passer. Die Fussgängerzone lebt. Touristen vermischen sich mit Einheimischen, es wird gelacht, geweint und diskutiert. Die Stadt pulsiert seit Jahrhunderten. Kaiserin Sissi hat hier ihren Sorgenurlaub verbracht und sich von all ihrem Ärger befreit. Das hat die Stadt offensichtlich geprägt. Immer, wenn die Sorgen zu mächtig werden, fahre ich nach Meran. Die Sorgen werden weniger, das Leben nimmt wieder Überhand und die Freude daran kehrt zurück.

Ein Gang durch die Laubengasse erinnert etwas an Bern - kleiner und enger, aber eben auch mit Lauben, welche den Geschäftsleuten aus dem Mittelalter eine Geschäftsmöglichkeit im Regenschatten ermöglichten. Heute flanieren hier Touristen und die Geschäfte sind mehrheitlich Ableger grosser Marken. Dennoch fühlt man die lange Tradition geschäftstüchtiger Menschen, welche die Stadt am Leben erhalten haben.

Die Gasse endet an der Piazza Duomo, wo man den herrschaftlichen, rötlichen Dom sieht, der über die Stadt wacht.

Die wichtigste Attraktion Merans ist aber seit je die Therme. Das grosse Thermalbad bietet viele Möglichkeiten, sich zu entspannen. Die Sauna, etliche Dampfbäder und Wechseltemperaturbäder. Einmal kalt, dann wieder heiss - wie im Leben ein Auf und Ab. Der Aufenthalt reinigt die Seele und bringt den Besucher wieder auf den Boden zurück. Neu geerdet geht man am nächsten Tag auf dem Sissi-Weg zum Schloss Trauttmansdorff. Das erhabene Schloss von Kaiserin Sissi ist heute eine Touristenattraktion, vor allem wegen der Gärten. Ich liebe es, durch die immer saisonal bepflanzten und blühenden Gärten zu gehen. In jeder Jahreszeit präsentieren sich die Blüten anders. Jeder Besuch ist ein einzigartiges Erlebnis. Ich mag den Sukkulenten-Abschnitt mit den Kakteen und den Pflanzen, welche grosse Trockenheit überstehen können. Sie überstehen, wie ich, die Durststrecken des Lebens.

Wie an so manchen Orten hängt auch an Meran und an den Gärten ein Schatten, der mich an meine grosse Liebe erinnert. Meran ist für mich nicht nur Zuflucht sondern vielmehr auch Erinnerung. Die Füsse schmerzen wieder, wenn ich an die neuen Sandalen denke. Der Kopf schmerzt, wenn ich an den Gewürztraminer denke. Das Herz schmerzt, wenn ich an die verflossene Liebe denke. Sissi wird dann urplötzlich zum eigenen Gefühl und ich verstehe diese geheimnisumwitterte Frau besser denn je. Genau darum ist Meran immer wieder Quelle der Energie, die ich brauche, um bis zum nächsten Besuch durchzuhalten. Meran ist für mich die Ladestation meiner Lebensbatterien.

Morddrohung

Was du jetzt gleich lesen wirst, ist nichts für schwache Nerven. Es ist Fiktion, könnte aber genau so geschehen sein.

"Ich werde dich abstechen. Ich habe mehr Freunde als du, ich habe eine grosse Familie, wir haben eine Neun-Millimeter. Wir werden dich abknallen, wir werden dir dein dämliches Gehirn rauspusten, du dämliche Bitch. Ich bin viel hübscher als du."

Gleich vornweg – ich bin kein Psychologe. Aber man muss auch keiner sein, um zu verstehen, was hier abgeht. "Mein Papi ist stärker als dein Papi." – Wir Jungs hatten die gleichen Spiele im Sandkasten. Gegenseitig haben wir uns hochgeschaukelt, bis einer von beiden sagte, sein Papi sei immer um eins stärker als des andern Papi. Dann war der Wettkampf vorüber und wir spielten wieder im Sandkasten. Game over.

Früher sagten wir, die Mädchen stritten ein Leben lang, während die Jungs sich einmal richtig die Schnauze verhauen, um danach wieder gemeinsam neuen Zielen entgegen zu gehen. Heute hat sich die weibliche Drohung in die Sozialen Medien verlagert. Sie vergessen nie. Da gibt es kein Zurück. Geschrieben ist geschrieben – auch Jahre später. Weiss die hübsche (aber offensichtlich dumme) Tussi überhaupt, was sie hier schreibt oder verbal postet? Was, wenn sie in zehn Jahren wegen eben dieser Äusserung den wirklich wichtigen und lukrativen Job nicht kriegt? Sie denkt nicht so weit – sie kann gar nicht so weit denken. Ihr Hirn ist reduziert auf momentane Wichtigkeit, auf Scheinpopularität und auf imaginäre Macht durch ähnlich denkende Machos. Dass sie sich dabei auf eine vollkommen unwichtige (aber vielleicht schöne) Schaufensterpuppe reduziert, ist ihr nicht bewusst. Sie delegiert ihre vermeintliche Stärke an andere, was sie schwach macht.

Die weiblichen Jugendlichen von heute sind brutaler geworden. Anstatt sich wie Monika und Andrea damals an den Haaren zu reissen, sich wochenlang nicht anzusehen, drohen sie einander mit Mord und Krieg durch die ganze Familie. Dass sie sich dabei gegen geltendes Gesetz stellen, scheint sie nicht zu stören. Sie fühlen sich übermächtig, unantastbar. Sie gleichen damit ihren männlichen Vorbildern in ihren schnellen und scheinbar unbesiegbaren Autos. Das wirkliche Leben hat Züge und Werte der Videogames angenommen, wo ein unbesiegbarer Charakter alles erreichen kann.

Was die dumme Tussi dabei nicht beachtet, ist das geltende Gesetz. Da helfen ihr weder ihre Familie (die allesamt ausgewiesen werden könnten) noch ihre Freunde, welche sich ebenfalls strafbar machen. In ihrem beschränkten Denken und Handeln bewegt sie sich in einem Videospiel. Sie ist die attraktive Kämpferin, die unbesiegbare Wonderwoman mit dem perfekten Körper. Würde sie nur einmal in den Spiegel schauen, könnte sie eine seelenlose und schwache Barbiepuppe erkennen. Abhängig von ihrem Ken, der sie im offenen Cabrio durch die schnelllebige Welt fährt, damit sie von vielen Menschen bestaunt und beneidet werde.

Wie glücklich bin ich über alle Menschen, welche solche Puppen nicht beachten. Wie dankbar bin ich Gesetz und Polizei, welche solche Drohungen ernst nehmen und die notwendigen Schritte einleiten. Tschau Tussi - dir trauert niemand nach.

Musik

Gibt es eine Welt ohne Musik? Für mich schwer vorstellbar. In der Musik steckt für mich so viel mehr als bloss Noten und Pausen. Kaum etwas ist so individuell, so persönlich, wie die Musik. Singen ist ein Ausdruck der Freude sowie auch der Trauer oder des Schmerzes. Oft höre ich Menschen sagen: "Ich kann nicht singen." Meiner Meinung nach stimmt dieser Satz nicht. Niemand kann 'nicht singen'. Man kann eventuell nicht genau die richtigen Töne treffen, einverstanden. Aber welches sind die richtigen Töne? Sind es jene, welche auf dem Notenblatt stehen oder sind es jene, welche man spürt? Selbstverständlich hat das stark mit der jeweiligen Situation zu tun. Der kleine Engel im Himmelschor sollte schon die gleichen Töne singen wie alle anderen, damit der Gesang seine Wirkung zeigen kann. Die Malerin auf der Leiter im unbewohnten Neubau hingegen, darf singen, wie sie fühlt - es stört die Farbe nicht.

In der Musik steckt zudem noch Bewegung. Wie der Gesang ist auch der Tanz nach Choreografie oder vollkommen frei möglich. Musik hören, Musik spüren und dazu tanzen - das ist für mich 'Musik leben'. Es soll Orte geben, wo den Menschen das Tanzen verboten wird. Für mich heisst das, einem Vogel die Flügel zu stutzen. An hohen religiösen Trauertagen, wie dem Karfreitag beispielsweise bei uns, darf man nicht öffentlich tanzen. In unserem Kulturkreis macht das durchaus Sinn, da der Tanz allgemein als Ausdruck der Freude angesehen wird. Die Musik wird an diesen Tagen eher düster, gedämpft, Moll bestimmt. Sie unterstützt das Nachdenken.

Musik ist Kultur, jede Region, jedes Volk tönt anders. Es gab Zeiten, da galt nur die klassische Musik als schick, als gebildet und salonfähig. Aber bereits Mozart schockte die Gutmenschen mit seiner fröhlichen und damals beinah frivolen Musik. Volksmusik war für den Pöbel, die Masse bestimmt und ein Ausdruck der niederen Kultur. Zum Glück leben wir heute in einer toleranteren Gesellschaft. Jeder darf die Musik hören, welche momentan zu seiner Stimmung passt. Ich bin offen für jede Art

Musik, denn schon rein die Tatsache, dass jemand die Musik macht, gibt ihr das Recht, gehört zu werden. Ich bin allen Künstlerinnen und Künstlern, welche Musik machen, dankbar für dieses Lebenselixier. Ob es mir dann gefällt oder nicht, hängt stark vom Moment, dem Ort und dem Zeitpunkt ab. Musik ist individuell. Ein Leben ohne Musik ist für mich nicht vorstellbar.

Natale a Merano

Natale ist das italienische Wort für Weihnachten. Meran zur Weihnachtszeit ist herrlich. Wie man es sonst nur von Kanada oder aus kitschigen US-Filmen kennt, ist alles mit kleinen weissen Lichtern geschmückt. Überall funkelt und glitzert es, man fühlt sich in Millionen kleine Diamanten gehüllt. Tausende Touristen bevölkern die Passerpromenade sowie auch die Lauben oder die Innenstadt rund um das Kurhaus oder den Duomo. Die Menschen sind in Festlaune. Man schlendert zwischen den zahlreichen Marktständen des langen Weihnachtsmarktes hindurch, trinkt ein Weihnachtsbier von Forst oder einen Glühwein - einen Vin Brulé. Mit viel Liebe zum Detail sind die kleinen Holzhütten geschmückt und erfüllen damit ihren Zweck, die Menschen glücklich sein zu lassen.

Ein buntes Sprachengewirr aus Italienisch, Tirolisch, Deutsch und Schweizerdeutsch lässt erahnen, woher die meisten Menschen hier kommen. Die vielen Italiener haben ihre Kultur aus dem Süden mitgebracht, leben diese, wenn auch dick in Daunenjacken gehüllt und selbst die quirligen Kinder sind vermummt bis über die Ohren.

Tagsüber begibt man sich auf die Winterpromenade oder den Tapeinerweg. Wer es gerne etwas anspruchsvoller hat, wandert hoch bis ins Dorf Tirol. Dort oben steht, zugewachsen wie ein Dornröschenschloss, ein riesiges, altehrwürdiges Gebäude, welches eher unromantisch "Bischöfliches Seminargebäude" heisst. Es ist ein altes Kloster, das, wenn es reden könnte, wohl eine lange und erlebnisreiche Geschichte erzählen könnte. Die grünlichen Mauern wollen einladen, aber das Gebäude ist mit einem Bauzaun verbarrikadiert und der Besucher wird am Eintreten gehindert.

Dorf Tirol besteht vornehmlich aus grossen Hotelanlagen, welche mit ihrem Ausblick und ihren Pools protzen. Jetzt im Winter allerdings, sind die meisten Anlagen geschlossen, der Tourismus setzt auf Wärme und

Sommer. Dadurch wirkt das Dorf etwas verlassen. Schade eigentlich, denn die Sonne scheint hier oben länger als unten in der Stadt. Nach der anstrengenden aber erquickenden Wanderung begibt man sich in die Terme. Sauna, Dampfbad mit reinigendem Salz, Früchteschnitze und Tee lassen die Seele sich erholen und den Körper zu neuem Leben erwachen. Erst gegen den späteren Nachmittag entdecken auch die vielen Touristen das wärmende Bad und man ist gut beraten, dieses frühzeitig wieder zu verlassen.

Jetzt ist die beste Zeit, um sich wieder den Ständen des Weihnachtsmarktes zu widmen. Hier ein Brot mit Speck und Zwiebeln, dort eine Waffel mit Mandelcreme. Das Leben kann so schön sein. Die vielen Lichter verzaubern nicht bloss die Stadt, sondern auch die Menschen. Viele lachende Gesichter erheitern mit den Lämpchen um die Wette. Wie wenig es doch braucht, damit Menschen friedlich miteinander auskommen, feiern und geniessen können. Niemand wirkt hektisch, nirgendwo hört der Geniesser ein Wort des Unmuts oder der Trauer. Selbst quengelnde Kinder sind eher selten, ausser ihre Eltern haben sie ohne ihr Einverständnis vom Karussell geholt oder sie haben Hunger. Sie können sich auf dem Karussell bei der Therme, der Eisbahn oder am Süssigkeitenstand austoben und sich bezuckern lassen.

Selbstverständlich wäre das alles noch viel schöner, wenn die Stadt zusätzlich noch verschneit wäre. Dennoch hat Meran es geschafft, den nordamerikanischen Lichterzauber mit dem mitteleuropäischen Christkindlmarkt zu verbinden und zusätzlich mit südeuropäischem Lebensgefühl zu beglücken. Den Jahreswechsel hier zu verbringen ist eine gute Idee. Hier kann sich die Seele auf ein neues Jahr vorbereiten und man kann seine Energie bündeln. Das neue Jahr kann kommen, denn das alte hätte nicht besser ausklingen können. Sämtliche hässlichen Erlebnisse der jüngeren Vergangenheit sind vergessen, weggeweht vom eisigen Wind der Berge, vermischt mit etwas Glühweingewürz und dem Rauch der wärmenden Feuer zwischen den Marktständen entlang der Passer.

Niggi-Näggi

"Santi Niggi-Näggi, hinterem Oofe stäggi, gimmer Nuss und Beere,
denn chummi weder veere!"

Dieses baseldeutsche Sprüchlein haben wir als Kinder oftmals in der Not gesagt, wenn wir kein besseres kannten. Heute hat mich der Niggi-Näggi eingeholt.

Basel, es ist kalt, es ist dunkel, das Wetter garstig. Nanu, donnert es mitten im Dezember? Da vorne kommt ein Licht. Ganz fein, vom Donner übertönt, erklingen Schellen und ich erkenne auch Stücke von Weihnachtsmusik. Der Donner wird lauter. Um die Ecke vom Marktplatz kommen Motorräder daher gefahren. Es sind lauter Harleys, rund dreissig an der Zahl. Auf jedem einzelnen sitzt ein Niggi-Näggi, oder eben ein Santa, wie die Amis ihn nennen würden.

Die Motorräder sind mit viel Liebe geschmückt worden. Da hat es Tannenwälder, ganze Modelldörfer, viele Stofftiere. Einzelne Harleys sind zu wahrhaftigen Santa Claus Sleighs umgebaut, fehlen bloss noch die Rentiere - aber nein, die sitzen auf dem Sozius und lachen uns verblüfften Zuschauern zu.

Die Motorräder fahren einen grossen Kreis und parken dann herrlich aufgereiht vor dem roten Rathaus am Basler Marktplatz. Das Donnern verstummt und geht in einen spontanen Applaus des Publikums über. Plötzlich ist der Platz von Santas, Nikoläusen, Niggi-Näggis nur so überfüllt. Die einen tragen Säcke, die anderen halten einen wärmenden Glühwein in den schwarz beschuhten Händen. Die Motorräder blinken, glitzern und leuchten dabei weiter, es ist ein buntes Lichtermeer. Man hat nun Zeit, die selbst gebauten Kunstwerke zu betrachten. Da steckt sehr viel Herzblut drin und noch mehr Stunden Arbeit. Mit viel Liebe zum Detail und handwerklichem Können sind die Harleys für extra diesen einen Nachmittag hergerichtet worden. Jedes Strassenverkehrsamt würde Ohrensausen kriegen, wenn sie die Alltagstauglichkeit dieser Motorräder prüfen müssten. Hier geht es nicht um den Alltag, hier geht es um die Freude. Und genau diese Freude sieht man in den Gesichtern der Zuschauer, vor allem in den Augen der Kinder.

Plötzlich entdecke ich zwei Engel. Wunderschön, elfengleich, im weissen Kleid mit leuchtenden Flügeln. Die zwei jugendlichen Mädchen gehen mit einer Spendendose (von einem wahren Elf getragen) durch die Menge, verbreiten Freude und sammeln Geld für einen guten Zweck. Solch charmanten Engeln kann man einfach keine Bitte abtun - sie machen das richtig gut. Zum Dank für die Spende darf man sich eine selbst verzierte Christbaumkugel aussuchen. Ich nehme eine weisse mit roter Verzierung. Genau darum geht es an diesem Anlass. Die Harleyfahrer und diese beiden himmlischen Engel sammeln für die Theodora-Stiftung. Das Geld kommt Kindern in Spitälern zu Gute. Die Kinder werden aufgeheitert und mit Lachen und Freude beschert.

Soll noch jemand sagen, Harleyfahrer seien harte, saufende und raufende Rocker. Mitnichten, sie sind Bastler, liebevolle Niggi-Näggis, welche für Kinder viel Liebe und noch mehr Zeit geben. Es ist genau diese Stimmung, welche uns ausserhalb von Weihnachten so oft fehlt. Liebe Engel, ich danke euch für euren Einsatz zum Guten in der Welt.

Puppentheater

Die Türe öffnet sich, dann erscheint langsam ein Bauch. Mit der Zeit folgt ihm ein bebrillter, schwarz gelockter Kopf mit wachen, sympathisch dreinblickenden, dunklen Augen. Alles wird gestützt von etwas tapsigen Beinchen und schräg abstehenden Füssen. Der dreizehnjährige Junge ist klein und wiegt etwa gleich viel, wie ein erwachsener Mann. Dies tut seinem liebevollen Auftreten jedoch gar nichts zur Sache. Er ist Paolo und das ist gut so. Wenn du ihn kennst, musst du ihn einfach gern haben.

Paolo ist immer zu spät. Die Gründe dafür kennt nur er alleine. Die Welt bietet derart viel Ablenkung, da ist es auch sehr schwierig, sich an einen unnatürlichen, willkürlichen Zeitplan zu halten. Zudem scheinen sich die Schulzimmer wie in einem Cubic-Spiel zu verschieben, tauchen dann und wann an einem anderen Ort auf, so dass sich Paolo nicht mehr zurechtfindet. Du findest ihn dann jeweils etwas verloren im Gang. Er irrt aber nicht umher, diese Fortbewegungsart wäre für Paolo viel zu schnell. Vielmehr schwebt er durch die Gänge, dreht sich manchmal im Kreis und scheint sein Klassenzimmer zu suchen. Du gehst zu ihm, sprichst ihn an und merkst, dass er dir dankbar folgt.

Wenn Paolo in Mathe sitzt, heisst das noch lange nicht, dass er sich auch mit Mathe befasst. Du weisst nie genau, wo seine Gedanken gerade sind. Mitten in schriftlicher Division fragt er nach dem Grund für die Farbe am Bildschirm. Anhand seiner Fragen merkst du, dass dieser Junge eine sehr genaue Auffassungsgabe hat. Ihm entgeht kein Detail und solche scheinbaren Kleinigkeiten sind für ihn wichtig. Paolo kann sich in Details verlieren, sich an ihnen erfreuen und sich mit ihnen beschäftigen. Diese Details werden in Paolos Kopf eingelagert und können auch Tage später nochmals erwähnt werden. Der für Fremde abwesend wirkende Junge ist wach wie selten ein anderer. Wenn er dann aber rechnet, dann tut er dies gewissenhaft und genau, ohne Stress, dafür richtig.

Echt toll sind Musiklektionen mit Paolo. Da blüht er richtig auf, bewegt sich, steht auf, tanzt und singt dabei seine eigenen Töne zur Musik, die er hört. Du merkst, wie Musik ihn begeistern kann und welchen Stellenwert sie offenbar in seinem Leben einnimmt. Paolo singt auch in Mathe. Seine Augen können sich dabei ins Weisse drehen, die Brille schiebt sich schräg über das Gesicht - aber Paolo singt und ist zufrieden. Solche Denkpausen werden oft auch von scheinbar unkontrollierten Bewegungen begleitet. Paolo dreht sich, hebt die Arme und fuchtelt damit herum. Es erinnert mich stark an eine Fadenpuppe, welche von einem unsichtbaren Puppenspieler bewegt wird. Alleine die Vorstellung eines derartigen Puppentheaters macht Paolo noch zusätzlich sympathisch, denn es gibt keine bösartigen Puppen.

Für andere Schüler ist Paolo nur sehr schwer fassbar. Sie belächeln ihn und schauen ihn auch etwas schräg an. Sie verstehen nicht, dass Paolo in seiner ganz eigenen Welt lebt und sich ständig bemühen muss, in unserer durchorganisierten Welt zurechtzufinden. Auf mich als sein Begleiter kommt eine schwere Aufgabe zu. Ich muss für und mit Paolo eine Aufgabe in unserer Gesellschaft finden. Es gibt ganz sicher einen Platz für ihn, erste Schritte in dieser Richtung hat er an einer Berufsschau machen können. Ein grosses Stück Arbeit liegt vor uns. Das beginnt mit dem Lernen der Grundlagen in den Schulfächern und geht bis zum Zurechtfinden an öffentlichen Plätzen und Einhalten von Zeitplänen. Dinge, welche auch anderen Jugendlichen sowieso schon schwer genug fallen.

Paolo aber legt sich auf den Boden, sagt, er sei ein Ball und rollt sich seitwärts aus der Turnhalle.

Ring

Ringe verbinden, die Gefährten genau so wie die neun Nazgûl. Auch in vielen Filmen aus Hollywood wird eine grosse Sache aus einem einfachen Ring gemacht. "Der Ring meiner Mutter. Ich musste ihn abändern lassen.", so lautet sein Standardspruch aus den Filmen. Im Hintergrund spielt leise irgend eine sentimentale Musik und dann kommt ihr obligates: "Oh my God! It's so beautiful." Tränenschocker. Es ist nur ein Ring. Es ist mehr als ein Ring. Es ist ein Zeichen.

Der erste Ring sagt: "Ich mag dich." Ausgetauscht mit fünfzehn und mit Herzkolpfen. Er war billig, vom Jahrmarkt und dennoch unbezahlbar. Ein kleines Stück Metall, das gleichzeitig ein Stück einer geliebten Person ist. Im Kopf spielt leise irgend eine sentimentale Musik.

Viele Jahre später dann der zweite Ring. "Ich möchte gerne Ringe austauschen." - Kurzzeitiger Herzstillstand. Zwei Ringe, beide gleich, mit einem eingravierten Namen. Das einfache Stück Metall, das so viel bedeutet und weit mehr ist als nur eine Legierung. Dieser Ring sagt: "Ich bin dein und du bist mein. Ich will für immer bei dir sein." Diesen magischen Ring ziehst du nie aus. Er begleitet dich zu all deinen Aufgaben, ist immer da, und falls du ihn doch mal vergisst, fehlt irgend etwas. Jedes gemeinsame Erlebnis wird auf wunderbare Weise in den Ring gespeichert. Wenn du ihn anziehst oder auch nur siehst, erscheinen sie allesamt wieder, das ist Kopfkino der besonderen Art.

Der dritte Ring schliesslich ist DER Ring für die Ewigkeit. Ausgetauscht vor vielen Zeugen als Zeichen der Verbundenheit. Er ist ein Zeichen der Liebe, ein Zeichen der Treue und wirkt wie eine Unterschrift auf einem Vertrag. Doch Zeichen können ihre gewaltige Macht erst entfalten, wenn Menschen an sie glauben, wenn Menschen sie wahrnehmen.

Oftmals wird der Ring nach vielen Jahren auf sonderbare Art und Weise wieder zu einem einfachen Stück Metall. Wo ist das Herzklopfen hin? Du ziehst ihn aus, betrachtest den eingravierten Namen. Das Kopfkino kämpft gegen den Nebel des Vergessens, leise begleitet von irgend einer sentimentalen Musik. Das Zeichen ist verblasst und wird nicht mehr wahrgenommen. Das runde Stück Metall, das die Ewigkeit darstellen soll, wird kalt.

Es war mehr als ein Ring. Es ist nur ein Ring.

Roadtrip

Einfach fahren. Ich habe dich enttäuscht. Das tut mir Leid. Lass mich einfach fahren, das kann ich gut. Manchmal denke ich, es ist das einzige, was ich wirklich gut kann: Fahren. Dazu laute Musik. Hast du deine Playlist dabei? Packe den Bulli und fahre los. Die Autobahn ist leer. Da gibt es nur den Bulli, mich, die Musik und dich. Du bleibst in meinem Herzen, auch wenn es beginnt zu schmerzen - so hat es die Band gesungen. Auf Berndeutsch klingt das irgendwie besser. Aber es fühlt sich genau gleich an.

Weisst du was? Ich verspreche dir hier hoch und heilig - der Bulli sei mein Zeuge - dass mir das nie wieder passiert. Ich werde mich bessern. Ich werde mich fortan im Griff haben. Nie mehr sollst du mich in diesem Zustand sehen. Es tut mir so was von Leid.

Da haben wir uns gerade einander etwas genähert und dann das. Wie peinlich ist das denn... Ich könnte im Boden versinken. Zurückdrehen kann ich die Zeit nicht. Mit Tränen in den Augen fährt sich nicht so gut. Die spärlichen Lichter der nächtlichen Autobahn erscheinen verschwommen, die Mittellinie auch. Aber heute ist alles egal. Ich habe dich enttäuscht und das kann ich nicht wieder gut machen. Und wenn ich nun von der Strasse abkomme? Dann sei es. Nichts ist wichtig. Du bist wichtig.

Ich möchte jetzt mit dir am Strand sein. Mit dir reden können, mit dir die Nacht zum Morgen reden. Zwischen den Worten fände ich vielleicht etwas Raum, dir zu erklären, wie es soweit kommen konnte. Weisst du, einfach im Sand sitzen und reden. Ich rede so gerne mit dir. Du kannst das so gut. Du bist intelligent und ich gebe mir Mühe, dir folgen zu können. Um nichts in der Welt möchte ich diese Momente missen. Alles ist unwichtig. Wir sind wichtig. Wir reden und lernen einander besser kennen. Wir diskutieren und verbessern die Welt. Wir machen Politik. Wir retten den Planeten und dann gehen wir einfach weg. Unsere Worte sind wie unsere Schritte im Sand. Sie verschwinden, kaum erst entstanden, mit der nächsten Welle. Sie sind bloss jetzt und sofort nicht mehr. Das Leben ist jetzt. Hier, mit dir.

Doch ich bin auf der Autobahn. Ohne dich. Fahre ins Nirgendwo. Die Musik trägt mich. Ich werde eins mit der Fahrbahn, die Welt gehört mir, völlig losgelöst. Ich habe dich enttäuscht. Doch du hast mir weh getan. Ja, ich habe es verdient. Aber musste es auf diese Art sein? Mit einem Mal erkenne ich, dass sich unsere Wege trennen werden. Und das tut weh. Weisst du das? Okay, ich habe es verdient. Danke. Manchmal muss man einfach los fahren, ohne Ziel, ohne zu wissen, warum. Ich fahre, weil ich das gut kann. Es wird Zeit für einen Wechsel, es ist Zeit für eine Pause. Die Veränderung ist dringend nötig.

Ich verspreche dir hier - die Strasse sei meine Zeugin - mich zu bessern. Nie mehr sollst du mich sehen wie damals.

Rückspiegel und Frontscheibe

Kürzlich habe ich von einer Freundin folgenden Spruch erhalten:

"Weisst du eigentlich, weshalb die Frontscheibe beim Auto so gross und die Rückspiegel so klein sind? Weil die Vergangenheit nicht so wichtig ist wie die Zukunft."

Genialer Gedanke. Nun, bei meinem Truck sind die Rückspiegel ordentlich gross, die Vergangenheit ist offenbar wichtig. Die Vergangenheit bestimmt, wer ich bin. Sie zeigt, woher ich komme. Also ist sie wichtig. Die Vergangenheit bewahrt alle meine Schätze. All die schönen Momente, welche ich mit meinen Freunden habe erleben dürfen. All die unersetzlichen Momente der Liebe. Ich sehe dich heute noch im Rückspiegel, damals auf der Autostrada del Sole.

Unzählige wunderbare Rückspiegelmomente sind in meinen Erinnerungen gespeichert. Sie bestimmen, wo ich war. Sie zeigen mir, was wichtig war. Alles, was als Frontscheibenbild auf mich zukommt, wird unweigerlich zum Rückspiegelbild - das ist der Lauf der Zeit. Die Frontscheibe ist grösser, weil sie nicht filtert. Sie liefert alle Möglichkeiten von Bildern, alle Wege, die ich gehen kann. Wenn ich dann gewählt habe, erscheint der einzige übrig bleibende Weg im Rückspiegel. Das Bild erinnert mich an Mani Matters "Ir Ysebahn" von 1972. Je nach Blickwinkel erscheint das eine oder eben das andere Bild als wichtiger und richtiger.

Ich mag aber das Bild der grösseren Frontscheibe. Sie ist auch in meinem Truck enorm gross. Sie zeigt mir die Strasse, den Weg, den ich jetzt dann gleich erfahren werde. Sie ist die Vorfreude auf das, was kommen mag. Sie gibt die Motivation, weiter zu gehen und Neues kennen zu lernen.

Seit meiner Kindheit habe ich ein Bild in meinem Kopf: Autobahn durch die Ardennen, heimwärts Richtung Luxemburg, irgendwo in Belgien. Volvo F89, im Rückspiegel die untergehende rote Sonne. Die kleinen nervösen PWs werden weniger, die Strasse gehört uns allein. Bis dann, nach sternenklarer Nacht vor uns, in der geteilten Frontscheibe, die Sonne wieder aufgeht und uns zeigt, dass wir leben. Der zuverlässige 12-Liter Diesel schnurrt unter uns und unterstützt das orange-rote Morgenlicht. Und wenn auch das Bild der Rückspiegel fantastisch war - es ersetzt niemals dieses grossartige Panorama, welches mir die Frontscheibe liefern kann.

Ich mag diesen Spruch - denn er ist wahr.

Saintes Maries de la Mer

Ein Kaff mitten im Nirgendwo zwischen Etang und Meer, geschützt von einer Düne, welche immer mal wieder auf die Strasse wandert. Inmitten der eng gebauten Häuser steht die mächtige Kirche, welche die beiden Marien beheimatet. Auch die schwarze Sara, die heilige Schutzpatronin der Gitans, hat dort ihre Bleibe. Die beiden Marien werden jedes Jahr von tausender Gitans ins Meer getragen. Die schwarze Sara von hier beschützt die Gitans, die "Wilden", die Zigeuner. So zumindest sagt es die Legende.

Der Ort hat sich in den Sechzigern nebst dem Wallfahrtsort zu einem Geheimtipp unter Reichen und Aussteigern entwickelt. Künstler und Wohlhabende teilten sich die wilden Strände der Camargue, trotzten dem Mistral und betrachteten die Wildnis mit Flamingos und wilden Pferden. Das ist die Camargue, die Rhonemündung. Romantisch war der Text schon, im Französischbuch. Die Reise des kleinen Jungen Robert, der ausreisst und mit seinem Fahrrad nach Südfrankreich radelt. Romantisch aus heutiger Sicht ist auch mein erster Besuch mit diesem Ort. Ich war damals gerade mal zehn Jahre alt. Meine Eltern wagten das Abenteuer und fuhren im alten Citroen GS Kombi mit uns nach Südfrankreich. Wir Kinder lagen dabei hinten auf dem Gepäck, ohne Sicherung und ohne Möglichkeit zu sitzen. Man stelle sich das heute vor. Und das alles ohne Autobahn. Wahrscheinlich würden sie heute angeklagt von wegen Gefährdung des Lebens ihrer Kinder. Na ja, geschadet hat es uns kaum - wir durften ans Meer, und das erst noch liegend. Keine Airline bietet dir das!

Wir wohnten damals in einem Cabane. Das sind die traditionellen Häuschen der Camargue, in Richtung des Mistrals (also gegen Norden) rund gebaut, um dem Wind keine Angriffsfläche zu bieten. Mit Stroh gedeckt. Damals gab es viele davon. Heute sind sie irgendwie verschwunden. Aber beim genaueren Hinsehen entdecke ich "unsere" Cabanes wieder. Plural weil damals eine befreundete Familie mit uns reiste. Mein Vater hätte diese lange Fahrt wahrscheinlich nie ohne Begleitung gewagt.

Als Student bin ich dann, ebenfalls in einem Citroen GS Kombi, von Montpellier aus öfter mal dahin gefahren. Damals gab es die Düne noch. Heute ist sie einer eleganten Strandpromenade gewichen. Die hohe Mauer hindert die Düne daran, die Strasse zu überfahren. Das Städtchen ist grösser geworden. Tausende Touristen belagern es jährlich. Der Campingplatz ist vor allem im Herbst überfüllt von Schweizern und Deutschen Familien, welche noch ein wenig Wärme suchen vor dem drohenden Winter. Der Charme ist irgendwie durch Kommerz abgelöst worden. Die Menschen sind nicht mehr so entspannt, wie ich das in Erinnerung habe. Vielleicht ist aber auch einfach nur meine Erinnerung romantischer geworden, als es die damalige Wirklichkeit war.

Allen Veränderungen getrotzt hat der Mistral. Er bläst nach wie vor stark und trägt die Kälte unserer Bise in sich. Er folgt der Rhone nach Süden und treibt alle deine Sorgen aufs Meer hinaus. Der Mistral ist ein Begleiter, der bleibt, eine Konstante in der Welt der Veränderungen. Ebenso wie der Mistral sind die Gitans und Gitanes. Sie sind hier, sie haben in den Touristen eine neue Einnahmequelle gefunden. Psychologisch sehr geschickt nehmen sie den leichtgläubigen Touristen hartnäckig deren locker sitzendes Urlaubgeld ab und versprechen ihnen dafür etwas Glück oder ein langes Leben. Wer kann es ihnen verübeln. In Frankreich geht es ihnen schlecht. Sie werden gehasst und ihnen wird übel nachgeredet. Dabei sind sie lebensfrohe Menschen, welche sich halt einfach nicht an unseren Lebensstil angepasst haben. Sie sind die wilden, sie sind die Fahrenden. Sie tanzen den Flamenco nicht einfach aus Tradition - sie leben ihn. Wer weiss, vielleicht wäre etwas mehr "Saintes-Maries-de-la-Mer" in uns durchaus gut.

Samichlaus

Nikolaus von Myra lebte und wirkte Ende des dritten bis Beginn des vierten Jahrhunderts in der Region Lykien, die damals zum Römischen Reich gehörte und heute in der Türkei liegt. Er war Bischof in Myra und war bekannt für seine Gutmütigkeit. Er spendete sein Erbe für die Armen und sorgte sich um deren Kinder. Seine Taten, sein Wirken, wurde in Geschichten berichtet. Geschichten wurden zu jener Zeit noch nicht geschrieben oder gar archiviert. Man erzählte sie sich weiter und wie immer, wenn Menschen etwas erzählen, verändert sich die Geschichte. Mit jeder Erzählung wird sie bunter, grösser, bis schliesslich aus einem gutmütigen Mann ein Heiliger wird. Die Christliche Kirche ehrt ihn heute, am 6. Dezember, dem St. Nikolaustag.

Man könnte durchaus sagen, dass Eltern ihren Kindern zwar lehren, nicht zu lügen, sie aber selbst in den jüngsten Jahren stets belügen mit Geschichten um einen Mann, der im Wald wohnt, mit einem Esel vorbeikommt und der weiss, ob du brav warst oder nicht. In meinen Augen ist das aber keine Lüge. Es ist der Versuch, die kindliche Fantasie so lange wie nur möglich zu erhalten. Der Besuch des Samichlaus ist eine Mischung aus Freude und Furcht, vergleichbar mit einem spannenden Buch, wo man nie weiss, was einem erwartet. Draussen liegt Schnee. Zuerst hörst du nur das Glöckchen, dann siehst du drei Gestalten über das Feld näher kommen. Eine davon ist gross, erhaben, die andere eher klein, gebückt und die dritte hat die Silhouette eines Esels. Die Kinderaugen weiten sich, die kleinen Händchen kugeln sich zu Fäustchen und die Füsschen beginnen zu zappeln. Samichlaus ist da!

"Setz dich, du bist sicher Müde von deiner weiten Reise. Möchtest du einen Weihnachtstee? Ich habe ihn mit Mama selbst gekocht." Dann kommt der grosse Moment. Samichlaus öffnet sein dickes Buch. Der gutmütige, nette Mann wird kurz etwas strenger und weiss tatsächlich viele Dinge, welche die Kinder angestellt oder gut gemacht haben. Seine tiefe, warme Stimme lehrt und erzieht, ohne dass die Kinder dies merken.

Schliesslich dürfen die Kinder stolzerfüllt ihre Gedichte aufsagen und erhalten zum Dank den kleinen Sack mit Nüssen, Früchten und etwas Schokolade darin. Manch ein Kind gibt dem Samichlaus seinen Nuggi ab, weil es jetzt ja schon gross ist und diesen nicht mehr braucht. In diesem Moment musst du als Mann unter dem Kostüm kurz leer schlucken und hoffen, dass der kleine Junge die Träne unter der Perücke nicht sieht. Samichlaus verabschiedet sich und zieht mit Schmutzli und dem Esel wieder in den Winter hinaus zu allen anderen Kindern.

Unsere Profitgesellschaft hat in den letzten Jahren den amerikanischen Santa Claus importiert. Von Oktober bis zum Boxing Day nervt der Dicke in jedem Schaufenster, schaukelt, wippt und singt von irgendeinem X-Mas. Er soll für noch mehr Einnahmen sorgen und das Geschäft tüchtig anheizen. Kinder nehmen möglichst viele Geschenke entgegen, reissen diese auf und nehmen enttäuscht zur Kenntnis, dass es nicht das neueste Gadget ist, welches sie sich erhofften, nicht die Schokolade, welche sie am liebsten mögen. Aus Dankbarkeit und Fantasie wird nur ein weiterer Rummel, alle Jahre wiederkehrend, wie Last Christmas von Wham.

Schangnau (Schweizer Dialektsprache)

Glehrt schwümme ir Ämme, o schlöfle ufeme chliine Iisfäud grad näbem Färzbach. Dr Färzbach chunnt vom Wachthubu, bim Chräibu näbedra z'dürab, am Hus vo mine Grossöutere verbii, nitzi gäg d'Ämme zue. Z'Hus isch gäng no gliich wi denn, wo mir aus Ching si drinome gsecklet o Versteckis hei gspöut. Es schmöckt irgendwie vertrout. Sit gfühlte hundert Jahr, es stattlichs Hus mit Loubene uf beidne Siite o gliich heisst's 'Neubau'. Es schmöckt noch Brot vor Bäckerei ond aber o noch Fleisch, wiu dr Metzger im gliiche Hus isch. Früecher hei mer aube die Tierli gseh cho, wo de nachhär Würscht si gsi. Z Holz vom Hus wird de Gruch vo all dene Gschichte wohl nie verlüüre. S wäri schad, das Hus nöi azmale - 's giengti öppis verlore.

Im Schangnau isch Ziit irgendwie chli blibe stah. Me het jetzt zwar o Internet ond bim Bäck chasch jetzt de o Gäud hole. Deför gspürsch dert nüt vo Hektik. Niemer isch närvös, wede no Münz usechromisch ond no chli brichtisch met em Andreas, em Bäcker.

Chli obe am Dorf, im Chräibu, het s'Urgrosi gwohnt. De grossi Hof isch gäng no dert, o wenn scho lang niemert me vor Verwandtschaft buret. Irgendwie wär me äuä scho no chli verwandt, aber äbe - im Ungerland vergessisch haut so Mängs. D Ämme chunnt wie sit eh o je vom Chemmeribode hingerfüre, am Dorf verbii u verschwindt de im Räbloch. Nie hei mer dert dörfe z'naach gah. S'Räbloch - e Schlucht wie die vor Aare, nume ohni Turischte o ohni Klimbim. Es spuukt dert, het's gheisse.

Über au dem friedliche Dorf trohnt uf der angere Siite de Hohgant. Är bewacht, beschützt die Heimet. Mängisch dänki, es Bitzli Schangnau täti üs aune guet. Mau blibe stah, e Schwatz hie, es Caffé dert o gäng enang häufe, we's nötig wird. Nünhundertsächsedrissg Iwohner sire z'fride mit däm, wo si hei. För mi, aus Wäutebummler, isch es gäng chli wie heicho, weni über z'Brüggli mit de scharfe S-Kurve fahre o's plötzli meh Schnee het, aus vorhär. E Rueh, wo de nume dert fingsch. O d'Ämme verschwindt im Räbloch, de grosse Wäut entgäge.

Schicksal

Im Englischen gibt es zwei schöne Worte für Dinge, welche in unserem Leben geschehen und auf welche wir kaum Einfluss haben: Serendipity und Destiny. Ich glaube nicht an willentliche Fügung, an keinen vorbestimmten Weg und auch nicht an Bestimmung. Ich glaube aber sehr wohl an Kräfte der Natur, welche uns zu jenem oder dem anderen Weg leiten können. Dies weniger aus einer wohlwollenden Absicht als viel mehr aus einem spontanen Zusammentreffen beteiligter Energien heraus.

Somit kann ich nicht alles, was in meinem Leben geschieht, beeinflussen. Ich kann versuchen, meinen Willen auf meinem Weg einzubringen und ihn zu steuern. Mal gelingt es mir besser, mal weniger gut. Dennoch komme ich zwangsläufig immer wieder an einen Punkt, wo ich mich frage, wie es soweit kommen konnte und ich keine mir vernünftig erscheinende Lösung finden kann. Liegt dieser Punkt in meiner Gefühlswelt auf der positiven Seite, dann nenne ich die Geschehnisse eine "glückliche Fügung", im anderen Fall wohl eher "Schicksal".

Wenn ich nun mit diesen beiden Begriffen im Kopf auf meinen bisherigen Lebenslauf zurückblicke, dann erkenne ich viele Momente, wo ich lächelnd an meiner Seite stehe und mir zuflüstern möchte: "Junge, nimm den anderen Weg. Du entscheidest falsch." Die Erfahrung, welche ich heute habe, hätte mich wohl einige Male anders entscheiden lassen, hätte ich sie damals schon gehabt. Nur hätte ich die Erfahrung niemals machen können, wenn ich damals anders entschieden hätte. Kreis geschlossen, Hamsterkäfig. Was war zuerst, das Huhn oder das Ei?

Damit die Köpfe der Menschen ob solcher Gedanken nicht meschugge wurden, haben findige Menschen Religionen, Götter, Geister oder Naturkräfte beschrieben oder gar erfunden, welche ihnen die unerklärlichen Dinge erklärten. Tiere haben keine Religion. Und dennoch gehen Elefanten zum Sterben an eine bestimmten Stelle, den

Elefantenfriedhof und finden Lachse an ihren Geburtsort zurück. Wenn man nun aber die menschlichen, religiösen Gedanken von solchen Beobachtungen aus dem Tierreich löst, dann erkennt man die vielen Elefantenknochen an Orten, wo weiche Nahrung wächst und die Lachse im sauberen Süsswasser, wo ihr Laich aufwachsen kann. Nichts mit Mythos, kein Wille – aber sehr wohl glückliche Fügung und ein perfektes Zusammenspiel der Kräfte der Natur.

Wir Menschen neigen dazu, alles entscheiden zu wollen. Und was wir nicht entscheiden können, legen wir einem menschähnlichen Wesen in die Hände, damit wir diesem danach, im Falle von Serendipity, danken können oder im Falle von Destiny mit ihm hadern mögen. Dabei spielt es nur eine untergeordnete Rolle, wie wir dieses Wesen nennen, das ist regional geografisch und historisch unterschiedlich. Wir entbinden uns damit jeglicher Rechenschaft über unsere Handlungen, was in meinen Augen nicht richtig ist.

Vielmehr sollte ich doch dankbar meine Möglichkeit zu entscheiden annehmen, ganz im Wissen, dass sie nicht vollkommen ist, und dennoch immer versuchen, den für mich richtigen Weg zu finden. Jeder Mensch ist einzigartig. Es ist nur logisch, dass bei meinen Entscheidungen nicht immer alle anderen Menschen damit einverstanden sind. Wenn aber dank meiner Entscheidung andere Menschen auf einen schöneren, für die passenderen und glücklicheren Weg finden, dann hat ganz sicher Serendipitiy meine Entscheidung beeinflusst. Und dafür bin ich dankbar.

Schnee

Ein Morgen wie jeder andere, Winter, draussen ist es dunkel, die Wolken hängen tief und färben den Himmel in ein sanftes Grau. Über Nacht sind die Temperaturen gesunken und die Luft riecht nach Schnee. Seit Tagen schon sind die Kinder nervös, irgendwie aufgedreht. Dann, gegen Ende des Vormittags setzt er ein, der heftige Schneefall.

Plötzlich, mitten in meiner Mathestunde, steht die Fünfzehnjährige auf, geht zum Fenster, blickt nach draussen und fragt in perfekter Mundart: "Esch jetz das Schnee?" Sie dreht den Kopf und blickt in die erstaunten Gesichter ihrer Mitschüler. Zu ihrer Verteidigung muss gesagt werden, dass sie die ersten vierzehneinhalb Lebensjahre in Papua-Neuguinea gelebt hat. Weit weg also von jeder Art Schnee. Sie kannte ihn wohl, von Bildern, aber live ist immer anders. Wir also nichts wie Mathebücher hingelegt, Mützen auf und ab in den Schnee. Das war vielleicht ein Erlebnis. Selten so viel gelacht und sich im Schnee gekugelt wie damals. Schneebälle geworfen und Schneemänner gebaut.

Auf einmal war es wieder da, das kindlich lustvolle Herumtollen im Schnee. All die Bilder meiner Kindheit. "Pflotschnass" in die Schule kommend, ein glückliches Grinsen im Gesicht, umrandet von kalt-roten Wangen und mit verschmitztem Blick den strengen Worten der Lehrerin horchend. Dann warten, trocknen, aufwärmen (die Schule war durchaus zu etwas gut) nur um schliesslich, am Ende des Morgens, endlich wieder hinauszurennen und Schnee pflügend heimwärts zu tollen. Die Worte der Mutter waren danach zwar ähnlich streng wie jene der Lehrerin, aber hei - es hat geschneit! Was haben die Erwachsenen bloss für ein Problem mit dem Schnee - alle finden sie ihn dämlich. Warum eigentlich? Schnee ist pure Fantasie. Er nimmt jede Form an, die mir in den Sinn kommt. Er macht aus einem Waldrand einen Zauberwald. Der kleine Abhang wird zu einer weissen Rutschbahn, der Haufen zu einer Höhle.

Die Schule verbietet das Werfen von Schneebällen - Ha! Erwachsene. Waren die eigentlich nie Jungs? Okay, man sollte schon genau zielen können mit diesen Schneebällen. Schulhausscheiben sind ein ungünstiges Ziel. Mädchen sind da viel besser - sie kreischen so schön, wenn du triffst. Aber am besten sind die Kumpels - vor allem wenn du besser triffst als sie! Schnee verbindet. Wir alle tun das Gleiche und haben sehr viel Spass dabei.

Schnee dämpft und entschleunigt. Alles wird ruhig. Der Zug gleitet lautlos über die Schienen, der Verkehr rollt langsam und still, die Kirchenglocken können nicht mehr bis ins Nachbardorf gehört werden. Was für ein Aufwachen früh morgens, wenn du die Stille hörst und dann merkst: Hei, es hat geschneit!

Schnuck

Unsere Sprache ist eigenartig. Sie entwickelt aus blossen Buchstaben irgendwelche mehr oder weniger interessanten Zusammenhänge, vermittelt Botschaften in immer wieder neuen Nuancen. Nehmen wir beispielweise die Kuschelsprache zweier Verliebter. Schätzli, Chnubeli, Schnüsu, Schnügeli, Chäberli, Pföpfu, Schätzu, Schnuber, Mucho und eben Schnuck sagen im Grunde alle das Gleiche: Du bist mir wichtig und ich liebe dich. Es gibt dafür unzählige Worte, jedes Paar erfindet seine eigenen.

Man stelle sich nun einen Reisenden vor, der unserer Sprache noch nicht so mächtig ist. Er sitzt inmitten einiger Paare und Singles, die er auf seiner Reise kennengelernt hat und versucht, den Diskussionen zu folgen. Er kennt die Namen der Personen, hört diese jedoch nie. Stattdessen ist von Schätzen die Rede, von irgendwelchen Käfern und dazwischen fallen undefinierbare Worte wie Schnuck. Unser Reisender versucht nun, so gut es eben geht, den gehörten Worten einen Sinn zu entnehmen. Im Falle von Schnuck versagt aber sein Wissen vollständig. Dieses Wort ergibt beim besten Willen keinen Sinn. So bedient er sich seiner Fantasie und versucht damit das Wort zu füllen. Schnuck - tönt ähnlich wie Schluck, könnte demnach eine Aufforderung sein, noch mehr zu trinken. "Ich nehme noch einen Schnuck." Da aber die Freunde darauf nicht reagieren, ist es wohl etwas anderes. Vielleicht ist es etwas Essbares - eine grosse Schnecke, zum Beispiel. "Gibst du mir mal den Teller mit den Schnucken drauf? Ich hätte da noch etwas Knoblauchsosse übrig." - Nein, das ist es auch nicht. Vielleicht kann man es rauchen? Oder man zieht es durch die Nase? "Leute, ich brauche mal einen Schnuck. Hat mir jemand etwas Tabak?" - Die Freunde schauen den Reisenden irritiert an. Der verlorene Fremde gibt auf, nimmt noch einen Schluck Rotwein und folgt der Unterhaltung durch einen angenehmen Nebel.

Am nächsten Morgen erzählen ihm seine Freunde lachend, er habe nach dem letzten Glas Wein eine der anwesenden Frauen plötzlich mit

"Schnuck" angesprochen. Sie lachen dabei verschmitzt und verdrehen die Augen ein wenig. Unser Reisender fragt leicht verkatert und irritiert nach, was das bedeute und wen es betreffe. Frisch aufgeklärt ist ihm nun der letzte Abend etwas peinlich und er versucht, die Reaktion der betroffenen Frau zu spüren. Zu seiner Verwunderung scheint es die angesprochene nicht im geringsten zu stören. Sie lacht fröhlich mit und findet die ganze Sache ziemlich amüsant. "Schnuck" hat den Reisenden als Einheimischen auftreten lassen, ihn integriert. Oder war es doch der Rotwein? Egal, der Reisende ist zufrieden und glücklich.

Eine Sprache zu erlernen geschieht nicht im Klassenzimmer. Sprachen lernt man im geselligen Beisammensein mit Menschen, die man mag. In Situationen, wo einem Wohl ist, da wo man sich geborgen fühlt, da geschehen wundersame Dinge, an welche man sich später besser oder eben weniger gut erinnern kann. Trotzdem sind es wichtige, echte Erlebnisse, welche die Freundschaften festigen und einem das Leben fühlen lassen. In solchen Runden werden Dinge offenbart, welche man sonst nicht zu sagen wagt. Und manchmal hilft der Wein dabei etwas nach. In seinem Kopf war offenbar die angesprochene schon lange ein Schnuck, nur zu sagen wagte der Reisende es zuvor nie. Aber an diesem Abend hat er ein Wort gelernt, das er wohl nicht mehr vergessen wird, genauso wenig wie die damit verbundene Person. Schnuck, der Abend war wunderbar und bleibt, mit einigen kleinen Lücken, bis in alle Ewigkeit im Gedächtnis verankert.

Spaziergang

Die Sonne scheint, die Luft ist kühl. Gedankenversunken gehe ich bergan, dem Schloss entgegen. Mein Schloss - wie oft hat es mir schon geholfen! Es hört zu, es lässt die Zeit relativ erscheinen, schliesslich steht es schon so viel länger da als alles, was in meinem Leben wichtig ist. Diese Mauern haben schon so viel Leid gesehen, dass alles, was ich ihnen erzähle, nichtig und klein erscheint.

Heute nehme ich dich wieder einmal mit. Einmal mehr bist du in meinem Kopf und begleitest mich auf dem Rundgang, der inzwischen schon so eine Art Ritual geworden ist. Dein Lächeln, deine blaugrünen Augen, deine Grübchen, deine minim vorstehenden oberen Zähne, dein Duft, dein gewelltes heller und dunkler glänzendes braunes Haar - du bist bei mir.

Weisst du eigentlich, dass du mich ganz schön geschockt hast letzten Sommer, als du mir klar gemacht hast, dass ich dich liebe? Und dann sollte es doch nicht sein. Wir mussten uns trennen und nur ich habe darunter gelitten. Nun hätte ich dich gerne dabei. Deinen Klingelton werde ich nie jemand anderem zuweisen können, er wird mich immer an dich erinnern. Manchmal warte ich einfach nur darauf, von dir zu hören.

Wir umrunden das Schloss und ich denke an unsere gemeinsame Zeit. Was haben wir gelacht, was haben wir uns gestritten, wie haben wir uns vergeben. Du bist so ein wunderbarer Mensch. Du wärmst mich auch nach Monaten der Trennung wie die Herbstsonne, welche vor wenigen Minuten durch den Nebel gedrungen ist. Nun geht es steil bergan, weg vom Schloss und hinauf auf den benachbarten Hügel. Schon oft habe ich mir vorgestellt, mit dir hier zu sitzen und auf unser Schloss hinüber zu blicken. Doch jedes Mal wird mir schliesslich klar, wie unsinnig diese Gedanken sind. Du hast dein Leben und ich muss bei meinem bleiben. Ein gemeinsames wird es nie mehr geben. Was ist eigentlich Liebe?

Mit dieser Frage gehen wir langsam zur hinteren Seite und folgen dem Zick-Zack-Weg nach unten. Wir wenden uns nach links und bleiben bei den Longhorns, bei den Ziegen, den Wollschweinen und Eseln stehen. Spüren Tiere auch Liebe? Wie spüren sie das? Wissen sie, was das ist? Liebe kann man auch als Mensch nicht steuern. Sie kommt, sie blüht, sie glüht und geht, erlischt. Passend dazu treten wir in den dunklen Wald ein. Wir schlendern durch tiefes Herbstlaub, hören unsere Schritte nicht. Werde ich dir je sagen können, wie sehr ich dich damals geliebt habe? Wie wirst du das verstehen? Wirst du denken, ich sei ja nicht mehr richtig im Kopf? - Bin ich das überhaupt? Niemand würde mich verstehen. Oder vielleicht die Longhorns, die Ziegen, Wollschweine und Esel? Unsere organisierte Menschenwelt hat wenig Platz für Liebe. Und dennoch ist sie da.

Sprachlos

Es ist nach siebzehn Uhr, du kommst nachhause. Du bist müde, der Schultag war anstrengend und die Matheprüfung ging daneben. Schon auf der Zufahrt hörst du den Lärm im Haus und fragst dich, ob du nicht lieber wieder umkehren möchtest. Aber du weisst, wenn du zu spät kommst, dann nehmen sie dir dein Handy weg oder geben dir Hausarrest, also fügst du dich deinem Schicksal und betrittst die Wohnung, öffnest die Tür der Räume, die dein Zuhause sein könnten. Die Luft ist mufflig, die Temperatur hoch. "Hallo, ich bin da." Dein scheuer Ruf vermischt sich mit dem Geschrei der Personen, die deine Eltern sein könnten. Sehr schnell begreifst du, dass sie wohl nicht einmal merken werden, ob du hier bist oder nicht. Ein Abend wie jeder andere. Wahrscheinlich hat sich Paps mal wieder zu lange auf dem Sofa aufgehalten oder zu viele Biere getrunken. Oder Mam hat mal wieder was vergessen oder einfach einen ihrer schlechten Tage - wen kümmert's.

Du verkrümelst dich möglichst schnell in dein Zimmer, schliesst die Tür und hoffst, der heftige Streit möge rasch vorüber gehen. Lernen kannst du vergessen, du beginnst zu weinen. Trauer ist alles, was dir in deiner täglichen Last noch hilft. Wozu weiter leben? Wozu erwachsen werden wollen, wenn die Erwachsenenwelt so aussieht? Du fragst dich, weshalb die Erwachsenen immer lügen. Es gibt keine Antwort. Die Welt der Erwachsenen ist kompliziert geworden. Das "Ich" ist in der modernen Welt wichtiger als das "Wir". Wenn Erwachsene nicht das erhalten, was sie sich wünschen, wenn ihre Welt nicht so ist, wie sie sich das vorstellen, dann rasten sie heute viel schneller aus als das noch in der Generation deiner Grosseltern der Fall war. 2019 - eine moderne Welt von überarbeiteten, überlasteten und ständig unzufriedenen Erwachsenen versucht mit aller Kraft unbedingt glücklich zu sein, ohne zu wissen, was für sie "glücklich" bedeuten soll. Je mehr der Mensch hat, umso mehr hat er das Gefühl, nichts zu haben.

Was hast du? Du lebst in einem Umfeld von Streit, du hörst, wie deine Eltern sich gegenseitig beleidigen, sich verletzen und dabei wirst du selbst verletzt. Du hast Sorgen - deine Spange sieht hässlich aus, in Mathe kommst du nicht draus und deine Freunde sind auch nicht so zuverlässig, wie du dir das erhofft hast. Hilfe! Und zuhause wird dir keine Hilfe geboten. Niemand da, der dich in den Arm nimmt und dich fragt, wie dein Tag war. Niemand da, der dir einen Tee bringt, wenn dein Freund dich enttäuscht hat. Niemand da, der mit dir zusammen die Mathe nochmals anschaut, damit die nächste Prüfung besser wird. Im Hintergrund steigert sich das Geschrei zu einem untrennbaren Gemisch aus zwei Stimmen, einer hohen schrillen und einer bedrohlich tiefen. Zwei Menschen, aus deren Liebe du einst entstanden bist. Ihre Liebe ist zerbrochen - was ist mit dir?

Du weinst, du krümelst dich in deine Kissen und du beschliesst, mit dieser Welt nichts mehr am Hut zu haben. Du bist 16 und morgen fragt dich der Lehrer, weshalb du die Vokabeln nicht besser gelernt hast. Du schreibst stattdessen in dein Tagebuch:

"Liebe Erwachsene

Ist das der Preis eures Wohlstandes? Ist das der Preis eurer Freiheit? Wollt ihr wirklich eine Generation von Jugendlichen, die ohne Ziele aufwachsen? Wollt ihr euren Kindern vorleben, dass die Erwachsenenwelt aus Streiten und Kämpfen besteht? Wofür soll es sich dann noch lohnen, zu lernen und zu lieben? Bitte, liebe Erwachsene, tragt doch wieder etwas mehr Sorge zu euch selbst, seid wieder etwas ruhiger und zufriedener mit dem, was ihr habt: mit einem Leben zwischen uns - euren Kindern, entstanden aus eurer Liebe. Danke."

Tango

Violine, Kontrabass, allenfalls Pauke und natürlich Bandoneon. Leise beginnt die Musik im typischen Rhythmus, der an einen ruhigen Herzschlag erinnert - tantan - tantan, der Körper fühlt sich sofort wohl. Der grosse Saal mit dem elegant gemusterten Holzparkett erscheint in gedämpftem Licht. Die einfache Dekoration ist unaufdringlich, vorwiegend rot mit etwas goldenen Rändern. Es wirkt schlicht und doch edel - elegante. Kleine, runde Tische stehen samten gedeckt im Rund entlang der Wände. Die Kapelle spielt auf der kleinen Bühne, sie steht nicht im Zentrum, sie soll begleiten.

Er betritt den Raum, aufrecht, stolz, *elegante*. Durch seine Erscheinung nimmt er den Raum für sich in Anspruch. Sein fester Blick schweift umher und bleibt schliesslich an einem der kleinen Tische hängen. Da sitzt sie, *la mujer, mi amor*. Sie hat ihn wohl bemerkt, versteckt ihre Augen jedoch zur Hälfte hinter ihrem Fächer, schwenkt kokett ihr langes, gewelltes Haar über die Schulter und wartet. Sie weiss, er wird sie ansprechen, doch wie immer im Tango: Der erste Schritt ist seiner. Er kommt näher und ihre Blicke treffen sich, wortlos lässt sie sich aufs Parkett führen, seinem Blick immer standhaltend. Sie fassen sich eng und doch mit genügend eigenem Raum, sie werden eins.

Zuerst stehen sie kurz still, lassen ihre Körper die gleiche musikalische Schwingung suchen, schliesslich gehen sie los, wie von selbst. Es sind keine einstudierten Schritte, es ist alles Gefühl und Kommunikation. Mit leichten, aber unmissverständlichen Impulsen seiner starken Schultern führt er sie durch den Raum. Seine Augen genügen für beide, ihre sind sanft geschlossen. Ihre Schritte sind platziert, er sagt ihr genau, wo sie ihre eleganten Schuhe hinstellen soll, sie lässt es zu, denkt nicht darüber nach. Sie spürt die Welt durch ihn. Tango ist Vertrauen, ihr wird nichts passieren. Wenn die Musik es zulässt, führt er sie in eine offene Figur, dreht sie aus und ein, lässt sie brillieren. Denn er weiss wohl, dass vor allem die Frau gesehen wird. Er nimmt sich vornehm zurück und lässt sie tanzen. Nie aber lässt er einen Zweifel aufkommen, dass er hier führt, dass er sagt, was als nächstes passiert. Er ist der *hombre*, ein wenig Macho, *elegante*. Und doch zeigt er ihr seinen grössten Respekt, lässt sie den Tanz geniessen.

So tanzen sie, als gäbe es keinen Morgen. Die Welt um sie herum verschwindet, für sie gibt es nur sie beide und die Musik, welche ihre Herzschläge zu einem werden lässt. In diesem Moment ist Tango das Leben. Auf der kleinen Bühne spielen Bass, Violine und Bandoneon.

Text-Fails

Es braucht grossen Mut, einen Text öffentlich zu machen. In einem alten Lied heisst es, die Gedanken seien frei. Das stimmt schon, doch wenn man sie aufschreibt, dann sind sie gefangen. Sie können nicht mehr fliegen, sich nicht weiter verbreiten und schon gar nicht mehr sich verändern. Worte engen Gedanken ein und Texte sind ein gedankliches Gefängnis. Festgemeisselt auf Stein, niedergeschrieben auf Papier.

Während es bei Gedanken keine Fehler gibt, so sind die Regeln bei der Schriftsprache mannigfaltig. Selten jemand kennt alle Fallen, in welche man tappen könnte, nur wenige schreiben fehlerfrei. Dazu gibt es das Lektorat. Geschulte Augen überprüfen jeden Text, bevor er veröffentlicht wird, auf Fehler, welche dann fein säuberlich korrigiert werden. Schliesslich soll sich niemand über grammatikalische oder stilistische Patzer ärgern, sondern die Leser sollen sich vielmehr über die Gedanken freuen, welche ihnen mit dem Text vermittelt werden. Es gibt eine klare Hierarchie der Textkorrektur. In seriöser Literatur akzeptiert man weniger Fehler als in Literatur für das Volk. Ja, Literatur war schon immer eine dekadente Mehrklassenangelegenheit. Wer die grossen Schriftsteller liest, gilt allgemein als gebildeter als jene, welche bloss Krimis lesen. Aber auch in Krimis gibt es viel weniger gedruckte Patzer als zum Beispiel in Zeitungen, wo die Auflage höher gewertet wird, als die sprachliche Korrektheit. Ganz weg fallen die Korrekturen dort, wo man Texte veröffentlichen kann, ohne dass jemand sie zuvor nochmals durchliest. Beispiele dafür gibt es viele: die Klagemauer, die Briefe an Julia, sämtliche Schriftstücke der digitalen Sozialmedien oder Postkartengrüsse aus den Ferien. Dabei sind es gerade dort oftmals einfach eingefangene Gedanken, welche jemandem überbracht werden. Der Inhalt ist wichtiger als die Form.

In unserer modernen Welt gibt es Orte, man nennt sie "Social Storywriting Platforms", wo Menschen ihre noch nicht fertigen Bücher veröffentlichen und mit Gleichgesinnten darüber diskutieren können. Es sind eine Art Talent-Bühnen für zukünftige Autorinnen und Autoren. Die Verlagswelt nimmt sich schon lange eine versteckte Zensur heraus und veröffentlicht nur, was sie veröffentlichen will. Neue Autoren haben es da oftmals schwer, weil sie keine Referenzen vorweisen können. Sie werden vertröstet, sie sollen sich verbessern, dann könne man weiter sehen. Ja, schreiben ist ein gewaltig brutales Geschäft geworden, die Konkurrenz schläft nicht. Es wird oftmals vergessen, dass noch nie jemand perfekt geboren wurde. Auch der kleine Goethe hat zuerst schreiben lernen müssen.

Junge Menschen kommen mit den Sozialen Medien besser klar als ältere. Daher erstaunt es wenig, dass die Schreiberinnen und Schreiber auf den Text-Plattformen eher jung sind. Das Alter wird nicht angegeben, aber die Schriftsprache entlarvt. Der Text einer sechzehnjährigen Jugendlichen ist in einer anderen Sprache verfasst als der Text einer vierzigjährigen Frau. Dabei meine ich nicht nur die Rechtschreibung, aber durchaus auch. Die Welt der Sozialen Medien ist noch viel brutaler als die Welt der Verlagshäuser. Während die Verlage ein Manuskript höflich elegant mit pniP (passt nicht ins Programm) ablehnen, zerreissen selbsternannte Lektoren die Texte im Internet und ergötzen sich an Fehlern. So entstehen ganze Werke, digitale Bücher, über die Fehler der anderen. Wer keine eigenen Ideen hat, der muss sich anderswo bedienen.

Besonders tragisch finde ich es, wenn nun ein solcher Kritiker zu werten beginnt. Dann hört für mich der Spass auf. Fehler sind nie dumm. Fehler sind notwendig, um etwas lernen zu können. Wenn ich keine Fehler mache, wozu soll ich dann etwas lernen wollen? Sprache ist nie dumm. Sprache dient der Kommunikation. Wenn ich mich nicht so gut ausdrücken kann, wie mein Gegenüber, dann hat das nichts mit meiner Intelligenz zu tun, sondern bloss damit, dass ich diese Sprache weniger gut beherrsche.

Jugendliche haben oftmals noch wenig Selbstvertrauen, weil sie von scheinbar perfekten Erwachsenen immer dazu angehalten werden, besser zu sein und weniger Fehler zu machen. Um vorwärts zu kommen, muss man aber Fehler machen dürfen. Es wäre viel hilfreicher, wenn die Leser, welche Fehler entdecken, die Autoren und Autorinnen darauf aufmerksam machen würden, ohne sie zu werten. Man nennt das auch konstruktive Kritik anbringen. Jemanden beleidigen und abwerten, das kann jeder. Aber jemanden in seinem Tun bestärken, indem man mit ihm oder ihr zusammen höhere Ziele anstrebt, das können nur die wenigsten. Daher sage ich es hier allen Schreiberinnen und Schreibern, welche auf einer Storywriting-Plattform schon beleidigt wurden:

Lasst euch davon nicht unterkriegen. Schreibt weiter! Eure Gedanken sind wichtig, euer Stil verbessert sich mit jedem Text. Lasst euch nicht einreden, ihr seid dumm. Folgt mutig eurem Weg und schreibt weiter.

Und euch selbsternannten Sprachgöttern sage ich: Wisst ihr eigentlich, wie viel Mut es braucht, einen Text zu veröffentlichen? Habt bitte etwas mehr Achtung davor, erinnert euch an euren Anstand. Wenn ein Text eurer Meinung nach zu viele Fehler aufweist, dann lest ihn nicht – so einfach geht das.

Tränen

Es regnet in Castiglione. Regen passt ganz gut zu dir. Denn nach dem Regen kommt wieder Sonnenschein. Du trägst beides in dir. Du bist ein Sonnenschein, der sich hinter dem Regen verbirgt, versteckt. Schaue ich in deine traurigen Augen, dann sehe ich ganz tief drin die Sonne, die Freude. Die Jugend in dir will leben, sie lacht, sie schäkert, sie sucht - du lebst. Aber deine Augen schreien. Welche Last hat das Leben dir aufgebürgt? Was trägst du mit dir, das dich beinah zerbrechen lässt? All deine Tränen, welche du schon geweint hast - sie formen den Ozean, der blau die orange Küste umspült. Manchmal trifft er dich mit zerstörerischer Wucht, formt dich, zwingt dich zu weichen bis du beinah darin ertrinkst. In diesem übermächtigen Ozean erscheinst du ohnmächtig, siehst kaum einen rettenden Strand. Manchmal streichelt er dich sanft, tröstend und lässt dich im schönsten Licht erstrahlen. Von diesem friedlichen Ozean möchte ich ein Tropfen sein. Ich würde hochspringen, dich treffen, dich kühlen, dich erfreuen.

Langsam kollerte ich über deine Stirn. Noch während ich an deinem Auge vorbeirutschte, würde ich deine Tränen mitnehmen. Ich würde ihnen die Schönheit der Welt zeigen und sie bitten, von nun an bloss noch aus Freude deine Wangen zu nässen. Zusammen fielen wir dann von deinem Kiefer, hinein in den Ozean und verfärbten ihn regenbogengleich in ein buntes Meer aus unendlich vielen interessanten Momenten, die neugierig auf dich warten, darum buhlen, von dir entdeckt zu werden. Aber hallo! - hierauf folgt dein vertrautes "Hoi".

Ein "Hoi" voller Hoffnung. Ich höre dich, ich sehe dich. Uns waren drei Tage gegeben. Wir haben sie genutzt, wir haben Vertrauen aufgebaut und du hast glücklich ausgesehen. Sei dir bewusst - du bist nicht alleine. Welche Last auch immer du tragen musst, ich helfe dir. Denn nach dem Regen kommt wieder Sonnenschein. Dieser Sonnenschein passt ganz gut zu dir. Eigentlich BIST du der Sonnenschein. Es tut so gut, dich lachen zu hören, dich albern zu sehen. Du wärmst, du spendest Energie. Lass mich dir wie das Yin zum Yang die Kraft zurückgeben. Nimm die Energie in dich auf und sprenge deine Ketten. Geh hinaus auf den bunten Ozean des Lebens. Entdecke die unendlich vielen Schönheiten, welche das Leben für dich bereit hält. Lass es nicht zu, dass die Tränen der Last deine Welt formen, lass dich nicht überspülen. Ich trage dich, und ich bin dabei nicht alleine. Wir alle, die dich lieben. Jene, die dich besser kennen als ich nach den drei Tagen. Familie. Du bist uns wichtig - aber hallo!

Es regnet in Castiglione, aber der Himmel lichtet sich. Heute haben sich unsere Wege getrennt. Ich bin dankbar für den kurzen Moment, den wir nebeneinander haben gehen können. Ich sehe dich. Ich reiche dir meine Hand, dich zum bunten Ozean zu begleiten. Ob du sie ergreifst, liegt nun ganz bei dir. Aber die Wolken lichten sich und dahinter erscheint blau und orange der freundliche Himmel der Hoffnung. Eine kleine Träne der Hoffnung kollert über meine Wange und ich frage mich, ob du da drin steckst. "Hoi" - schön, dich zu kennen.

Trauer

Trauer gehört zum Leben wie Unbeschwertheit oder Liebe. Während letztere im Zentrum blumiger Sommergedichte oder kitschiger Hollywoodfilme steht, erscheint erstere vor allem in der Lyrik des Herbsts. "Wie nun alles stirbt und endet.", schreibt beispielsweise Gottfried Keller zum ersten Schnee. Die Trauer steckt hinter den Worten, welche das Bild beschreiben. Alles stirbt und endet, alles. Der Sommer war toll, voller Liebe und Glück, der Herbst naht, hüllt dich in seinen Nebel bis der Winter dir alles nimmt, was mal war. Erstaunlich, wie ähnlich sich Gefühle und Jahreszeiten doch sind.

Schön ist es, Gefühle zu haben. Uns Menschen ist aber auch Verstand gegeben. Verstand baut auf Gefühlen auf. Er erkennt, ordnet, analysiert und wertet die Gefühle, bevor er sie in Worte packt und als Text abspeichert, unterstützt von Bildern und Düften. Der gesunde Verstand handelt so.

Wie traurig muss ein Mensch sein, damit er Gefühle mit seinem verschobenen Verstand in falsche Worte verpackt und diese unter Täuschung von falschen Bildern zu seinen Mitmenschen verbreitet? Diese unechten Botschaften lösen bei anderen Menschen echte Gefühle aus und bald kann nicht mehr unterschieden werden, was mal war und was ist. Wahrheit und Lüge können nicht mehr voneinander getrennt werden. Es schneit im Sommer, der Frühling stirbt und im Winter blüht alles in bunten Farben. Der Verstand des Menschen sollte solche Botschaften korrigieren, indem er sie mit Wissen überprüft. Nicht alle Menschen wissen. Vor allem in Sachen Vertrauen und Persönlichkeit vermischen sich Gefühle stark mit Interpretation und Vermutung. Es ist nicht immer einfach, einen wahren Freund zu erkennen oder zu verstehen, wie ein Mensch denn nun wirklich tief im Innersten denkt und fühlt.

Hier steht uns der verschobene, beeinflussbare Verstand oftmals im Weg. Vermutungen werden als Tatsachen dargestellt, falsche Erinnerungen malen unechte Bilder im Kopf und es fügt sich ein Ganzes zusammen, welches als Realität wahrgenommen wird, obschon es sich um eine Fälschung handelt. Menschen glauben, was sie hören, lesen und vor allem sehen. Sie überprüfen selten. Auf diese Art kann es sein, dass dein einstiger Freund, dein Vertrauter plötzlich zu einem Feind wird. Gehörte Botschaften zeichnen dieses Feindbild und du glaubst daran, obwohl dir dein Gefühl und deine Freundschaft tief in deinem Inneren eine andere Botschaft vermitteln. Der getäuschte Verstand setzt bloss Puzzleteile zusammen und malt daraus ein Bild. Er ist nicht an Wahrheit, Schönheit oder Zerstörung interessiert, sondern orientiert sich an vermeintlichen Fakten.

An dieser Stelle erscheint die Trauer auf der Bühne des Lebens. Dein Freund tritt ab, gerissen von der Bestie der Verleumdung. Und du hast nichts dagegen unternommen, mehr noch, du hast die Bestie selbst gefüttert. Täuschung, Verleumdung, Lüge und Eifersucht sind die hässlichen Auswüchse, die Geschwüre unserer Sprache. Sie verbreiten krankhaft Zerstörung und Tod. Die Trauer hilft die Narben heilen. Sie nähert sich zuerst allen, welche das Unheil haben kommen sehen und nichts dagegen unternommen haben. Erst viel später, wenn der Verstand sich wieder eingeklinkt hat, erkennen auch Bestien ihre grausame Handlungsweise und stellen sich eventuell sogar ihrer Trauer.

Trauer gehört zum Leben. Ich fühle tiefe Trauer, wie nun alles stirbt und endet. Welch schöne Worte für ein solch betrübliches Thema. Somit trage ich mit meiner Trauer die angenehmen Erinnerungen einer glücklichen Vergangenheit zu ihrem winterlichen Grabe, wandle durch den Nebel und hoffe auf das Licht des Frühlings.

Traum

Ein Meeting, eine Art Weiterbildung - öde. Die Teilnehmer, Frauen wie Männer, drängen sich müde und wenig motiviert um die Kaffeemaschine. Instantkaffee - bravo, der Tag beginnt ja wirklich hässlich. Es ist Samstagmorgen, halb acht. Eigentlich müssten wir alle noch im Bett liegen. Ein Haarschopf weht vorbei. Darunter eine Körperbewegung, die mir irgendwie vertraut vorkommt. Ich schaue näher hin. Du bist es.

Tausend Gedanken schwirren in Hundertstelsekunden durch meinen Kopf. Ansprechen kämpft gegen Nicht Ansprechen. Fehlt nur die Blume, bei welcher man die Blätter ausreissen kann. Tu ich's - tu ich's nicht - tu ich's und so weiter. Ich tu's.

"Hey, DU hier? Schön, dich zu sehen!" Dabei setze ich mein versöhnlichstes Gesicht auf, den Unschuldsblick und mime echte Überraschung. Du, gefangen in einem unsichtbaren Käfig aus rumstehenden Leuten, reagierst erstaunt und doch gewohnt reserviert. In deinen wunderschönen braun-grauen Augen lese ich eine Mischung aus "Scheisse, den Kerl hätt ich nun wirklich nicht gebraucht" und irgend einer Art undefinierbarer Freude. Das weckt Hoffnung. Du warst schon immer eine gute Schauspielerin und sagst freundlich "Hallo" zu mir.

Wir setzen uns auf eine Seitenbank und beginnen zu plaudern. Die Aufwärmrunde dreht sich um die Gründe, warum wir hier sind. Sie ist nicht wichtig und dient bloss, das Eis zu brechen und uns wieder kennen zu lernen. Dann kann ich endlich erfahren, wie es dir so geht. Du siehst gut aus, wie immer. Trotzdem wirken deine Augen müde, die Haut gestresst. Du erzählst von deiner Berufslehre. Deine Arbeit gefällt dir, aber es sei stressig. Du hättest kaum Zeit, für andere Sachen. Familie ist bei dir wichtig und neben dem Beruf füllt sie deine ganze Zeit aus. Du erzählst, dass du in einem jungen, aufgestellten Team arbeiten darfst und es mit den anderen Lernenden gut hast. Du lächelst - es tut gut, dich wieder glücklich zu sehen. Wir plaudern und ich kann endlich auch von dir etwas mehr erfahren. Fast, wie in alten Zeiten. Du sagst, du habest viele nette neue Menschen kennengelernt. Als ich dich frage, ob du auch einen sehr netten Jungen kennengelernt hast, lächelst du und...

Dann erwache ich, ohne die Antwort gehört zu haben. Es ist Sonntagmorgen, sieben Uhr zwölf. Es war schön, dich gesehen zu haben, wenn auch nur im Traum.

Vaiana Moana

Kennt ihr den Film "Vaiana"? Der Disneyfilm kam 2016 in unsere Kinos. Das amerikanische Original heisst Moana. Dieser Name war in Europa bereits besetzt und daher wird aus "Ozean" (moa) halt einfach "Wasser" (= Vai)

Vaiana ist eine liebenswerte Jugendliche mit gehörigem Dickkopf. Das vor Lebensfreude bloss so strotzende Häuptlingstöchterlein zieht vom gefährdeten Inselparadies los, um die Liebe und die Natur zu retten, indem sie Te Fiti, Göttin der Fruchtbarkeit und der Liebe, ihr Herz zurück bringt. Dabei wird sie vom selbstverliebten Halbgott Maui begleitet.

Der Film wird allen amerikanischen Mustern gerecht und ist dennoch absolut sehenswert und liebevoll. Zudem kann man in vielen Einzelheiten Gutes erkennen. Disney Productions hat es verstanden, Kinder und Jugendliche mit positiven Vorbildern zu bilden und durchaus zum Guten zu beeinflussen.

In der Schweiz wird von diversen politischen Parteien ernsthaft an der Neutralität von Schulbüchern gezweifelt. Die Politiker befürchten, unsere eher trockenen und langweiligen Schulbücher könnten den Kindern falsche Wertvorstellungen vermitteln, ja unsere altherkömmliche Kultur könnte gar in Gefahr sein. So ein Quatsch. Würde man bei besagten Politikern in Kinderzimmern nachschauen, könnte man mit jeder Garantie nicht nur Heidifilme finden.

Schule ist eine Reise. Wie Vaiana ziehen Kinder und Jugendliche auf einen grossen, ihnen unbekannten Ozean hinaus. Dort lauern zahlreiche Gefahren auf sie, Stürme und heimtückische Lebewesen, welche nach ihrem Leben trachten. Die Schule soll unsere Kinder und Jugendlichen auf genau diese Reise vorbereiten. Sie soll ihnen das nötige Werkzeug mitgeben, ihnen erklären, wo Gefahren lauern können. Dabei sollen aber die Jugendlichen nicht mit starren Verhaltensmustern und veralteten Werten vollgestopft und gedrillt werden, sie sollen durch ihre List, ihren Mut und ihre Fantasie flexibel auf Lebenssituationen reagieren können und dabei immer die Liebe und das Gute im Auge behalten. Das können sie nur, wenn sie die Vielfalt des Lebens erfahren dürfen und begleitet lernen können, wenn sie geschult werden.

Ich habe einen sehr schönen Beruf. Ich bin Maui, deutlich weniger selbstverliebt zwar, aber genau so Schalk und Sharkhead wie der quirlige Kraftprotz im Disneyfilm. Ich darf Jugendliche auf ihrer Reise begleiten und ihnen deuten, wo Gefahren lauern. Ich wünsche mir viele junge Vaianas und Mauis, welche erkennen, worum es im Leben geht und alles dafür geben, die Liebe zwischen den Welten zu erhalten.

Vater

Am 12.12.2012, um etwa 12 Minuten nach elf Uhr nachts, hat uns mein Vater für immer verlassen. Er hat Zahlen geliebt, in ihnen gelebt, bis zum Schluss, es hätte nicht anders sein können. Seither wacht er als Stern am Himmel über mich, begleitet mich bei meinen Schritten und Fehltritten, berät mich, wenn ich nicht mehr weiter weiss. Obwohl der Moment damals sehr schwierig war, weiss ich heute, dass loslassen nicht unbedingt trennen heisst.

Mein Vater hat uns immer vorgelesen. Ganze Bücher, und er war ein guter Leser. Er konnte gar hochdeutsche Texte spontan in Mundart lesen und umgekehrt. Ich erinnere mich an Fotos, wo wir Kinder am Boden liegend fasziniert seinen Worten horchen. Ich erinnere mich an einzelne Bücher, die heute wohl behütet in meinem Schrank stehen oder ab und zu von einem meiner Schüler gelesen werden.

Die Vaterrolle ist eine schwierige Aufgabe, mit sehr viel Verantwortung bestückt. Vorbild sein, Wege zeigen, Tadeln, trösten, begleiten, lehren. Mein Vater war kein Übermensch, kein Superman. Seine langen Abwesenheiten durch Arbeit und Politik haben die Familie damals sicher belastet. Doch immer, wenn wir ihn brauchten, war er da. Er nahm sich immer wieder irgendwoher die Zeit, mit uns etwas zu unternehmen. Ich erinnere mich an lange Wanderungen über Berggipfel, an den Schwimmunterricht in der Emme, an Wochenenden als Schausteller irgendwo auf einem Lunapark. Ich weiss heute, er war ein guter Vater, mit all seinen Fehlern. Je älter ich werde, desto mehr von ihm erkenne ich in mir. Und genau das nenne ich Unendlichkeit. Das Leben erfindet sich nicht immer wieder neu. Wir übernehmen Denkweisen, Ticks und Handlungsarten von unseren Eltern, passen sie unserer Zeit an und geben sie unseren Kindern weiter.

Ich wäre gerne Vater. Als junger Lehrer wollte ich das nicht - zu viel konnte für mich damals schief gehen. Zu viele gescheiterte Jugendliche habe ich kennen lernen müssen. Ich war wohl einfach noch nicht bereit dafür. Heute denke ich, wahrscheinlich hat es so sein müssen. Viele dieser Aufgaben kann ich in meinem Beruf übernehmen. Vielleicht bin ich deshalb mehr Betreuer als Dozent. Der Lehrerberuf ähnelt der Vaterrolle manchmal stark, wenn ich es zulasse. Es ist mir heute wichtig, neben Mathe und Geografie meinen anvertrauten Jugendlichen auch Handlungsweisen und Fantasie zu vermitteln. Ich setze mich gerne mit ihnen hin und lese aus einem Buch.

Meine Erinnerungen an Va sind zahlreich und verblassen nicht. Oftmals tauchen sie unvermutet auf, erheitern mich oder stehen mir bei. Genau das ist für mich das Wirken der Sterne, oder wie andere es nennen, der Engel.

Va, ich vermisse dich - danke, dass du immer für mich da bist.

Verwirrung

Warum hast du mir nicht gesagt, dass du einen Freund hast? Nun bin ich verwirrt. Was gilt denn nun? Wer bin ich nun, in deinen Augen? Wie stehen wir zueinander? Dabei hat alles so schön schleichend angefangen. Sympathie gefolgt von guten Gefühlen, Good Vibrations, eben. Die guten Gefühle weckten ein Interesse, das nach und nach die anfängliche Unsicherheit besiegte. Ich wollte mehr wissen, dich besser kennen lernen. Ich hatte keine Angst vor dir. Logisch wusste ich, dass ich dabei nur sehr sanft und langsam vorgehen kann, denn ich kenne ja deine Situation.

Ich dachte, du fühlest gleich. Da habe ich wohl falsch gedacht. Schade eigentlich, denn die Sympathie ist immer noch da. Die guten Gefühle sind es, welche mir fehlen, obwohl da nichts war. Sie fehlen mir für alles, was hätte sein können. Ich mag dich, aber du hast einen Freund. Ich bin verwirrt. Es ist Februar.

Verwirrung ist gut - sie regt an und zeigt, dass du für das kämpfen musst, was du erreichen willst. Will ich? Ich glaube, ich hätte unter Umständen gewollt. Poah - geht es noch unsicherer? Ich bin ein Wrack, zerschellt an Klippen in der Brandung der Liebe. Inzwischen ist es Juli geworden und wir haben viele gemeinsame Erlebnisse hinter uns. Wie du weisst, habe auch ich meinen Rucksack von Gefühlen bei mir. Das kannst du nun wirklich nicht gebrauchen - jemanden mit einem eigenen Rucksack. Was du brauchst, ist ein Rucksackträger. Jemanden, der dir deinen Rucksack tragen hilft, denn dieser wird schwerer und schwerer. Gut gemacht, meine Freundin, du hast dir früh genug einen ebensolchen Träger angelacht und geholt. Er meint es ehrlich mit dir - das hat er mir damals in eurer Küche deutsch und deutlich gesagt. The Winner takes it All - das wussten sie schon in den Siebzigern, die Schweden. Nicht zufällig habe ich gerade dieses Video deiner Tochter geschickt. Es war alles klar - auf einmal.

The Loser standing small - heisst es dort im Song. Weisst du, meine Rolle als Loser ist nicht so undankbar. Ich bin tatsächlich klein (wie deine Töchter mir immer wieder bestätigen) und zudem ein aktiver Loser. Ich werde immer da sein, im Hintergrund - das tu ich sowieso viel lieber, als im Rampenlicht zu stehen. In mir hast du einen zuverlässigen Freund, der dich hört und für dich und deine Familie da ist, wenn es so jemanden braucht. Ohne all die manchmal eher nervigen Verpflichtungen, welche ein "solcher Freund" mit sich bringt. Einfach bloss ein Freund.

Verwirrung ist irgendwie komisch. Man weiss nicht, wo es lang geht. Der Weg ist gewunden wie ein Kabel, das schlecht zusammengerollt wird. Es geht links und rechts, untendurch und obendrüber. Da hat es Knoten und Irrwege, ich finde den Pfad nicht. Trotzdem ist es immer noch ein Kabel. Es mag verwirrt sein, wie es will, es leitet dennoch den Strom und erfüllt seinen Zweck. Am Ende kommt das heraus, was man will, was man erreichen wollte.

Nun denn, seit unserer gemeinsamen Zeit bin ich nicht mehr verwirrt. The Winner takes it All. Die Knoten haben sich am Strand auf wundersame Weise gelöst und ich erstrahle in meiner neuen Funktion als schützender Stern, der einfach da ist und leuchtet. Danke, dass ich im Hintergrund dabei sein darf. Danke, dass du mich gesehen hast. Du hast alles richtig gemacht - ich gratuliere dir. Ich freue mich für dich und ich bin stolz, dein Freund sein zu dürfen.

Warum

Warum macht sie sich Sorgen? Warum reagiert ihre Freundin nicht mehr wie eine Freundin? Warum ist ihr Leben so kompliziert? Ich kann es ihr leider nicht beantworten. Die Gründe, weshalb im Leben dies oder das auf uns zukommt, sind nicht immer leicht zu finden. Kinder haben eine "Warum-Phase". Alles wird hinterfragt. Unendliche Folgen von "warum" bringen die Eltern teilweise in Erklärungsnot. Dabei ist die Frage nach dem Grund eine der wichtigsten Fragen überhaupt. Wenn ich weiss, aus welchem Grund ich dies oder das tun soll, gehe ich mit anderem Engagement an eine Sache heran. Wenn ich den Grund der Krankheit kenne, kann ich diese Ursache bekämpfen, anstatt nur deren Symptome zu beruhigen.

In Beziehungen ist das Warum im Zentrum sehr wichtig. Dennoch wissen wir nicht immer ganz genau, warum wir uns so oder eben anders entscheiden - es geschieht einfach. Wenn es im zwischenmenschlichen Bereich zu Unstimmigkeiten oder gar Streit kommt, müssen sich die Beteiligten um das Warum kümmern. Wir fragen zu wenig oft nach, wir nehmen gehörte Dinge als Wahrheit und reagieren gekränkt. Die schlimmsten Verletzungen bluten nicht. Es wäre so viel einfacher, wir würden uns daran erinnern, wie wir als Kinder waren und einfach mal fragen: "Warum?" Das gäbe uns die Möglichkeit, unser Handeln abzuwägen, einen bestimmten Weg zu wählen. So könnten viele Missverständnisse einfach aus dem Weg geräumt werden.

Warum machen Menschen einander eifersüchtig? Warum freuen wir uns, wenn das Gegenüber leidet? Warum geben wir die Schuld lieber den anderen, als sie zuerst einmal bei uns zu suchen? Vieles hat wahrscheinlich mit falsch verstandenem Stolz zu tun. Wir fühlen uns gekränkt und schieben den nächsten Schritt dem Gegenüber zu. Dabei fühlen wir uns gestärkt. Der Partner muss zu uns kommen, um die Situation zu entschärfen. Das erhebt uns über ihn. Andererseits könnte es aber auch aus einer inneren Unsicherheit heraus geschehen. Weil wir

Angst haben, ein weiteres Mal zu versagen, weitere Fehler zu begehen, ziehen wir uns zurück und überlassen das Handeln dem Partner. Dies stellt uns unter ihn.

Die Frage nach dem Warum, das klärende Gespräch also, findet auf Augenhöhe statt. Keiner steht über dem anderen, beide begegnen sich gleichwertig. Sachlich können die Gründe des Handelns dargelegt werden und gemeinsam sucht man nach einem Ausweg. Dieser mögliche Weg wird auf jeden Fall einen Kompromiss darstellen, weil er von allen beteiligten Seiten andiskutiert und mitgetragen wird. Die kindliche Frage nach dem Warum hat die ebenso kindliche Kompromissbereitschaft, das unkomplizierte Denken in sich. Ich kenne den Grund, finde eine Lösung und die Welt ist wieder, wie sie sein soll.

Manchmal ist das Warum jedoch viel einfacher gelagert, sucht nicht nach den Ursachen einer Meinungsverschiedenheit. Manchmal richtet es sich einfach nach einer Handlung. Oftmals ist die Erklärung letztendlich sehr banal, ja greifbar nahe. In jedem von uns steckt immer noch die Jugend, die kindliche Unschuld. Ich erinnere mich nur zu gerne an solche Momente zurück. Momente der jugendlichen Unbeschwertheit, des puren Glücks.

Ich sitze nach Feierabend bei einem Bier in deiner Küche und lausche deinen Erzählungen. Es geht gegen Mitternacht, die Zeit steht still, das Leben ist nie lebendiger als gerade jetzt. Dein Lachen verzaubert mich, du riechst gut. Plötzlich erinnere ich mich an die allumfassende Frage, warum ich hier bin. Warum kann ich stundenlang mit dir in der Küche diskutieren? Warum ist mir wohl, deine Stimme zu hören? Warum lache ich so gerne mit dir? Warum vergesse ich die Zeit, wenn wir zusammen quatschen? Warum interessiere ich mich, wie es dir geht? Warum könnte ich tagelang mit dir schreiben? Warum geniesse ich die kurze Umarmung der Begrüssung oder des Abschieds? - Viele Warum-Fragen mit einer ganz einfachen Erklärung: Weil ich dich liebe. Darum. Warum muss ich morgen zur Arbeit?

Was ist Leben?

Es gibt Momente, wo ich mich frage, was das Leben eigentlich sei. Ich sitze hier an einem der schönsten Stränden der Welt und schreibe eine Geschichte. Ich schreibe, arbeite, mache Home-Office. Nun, es gibt definitiv dümmere Orte dafür, aber ist das Leben? Ja und nein, denke ich. Nein, weil ich arbeite. Aber ich liebe meine Arbeit. Ich schreibe, weil ich schreiben will. Also ist es doch auch wieder ja. Beobachten, sehen, leben, die Eindrücke sammeln und in sich aufsaugen - das ist Leben.

Mein VW-Bus bringt mich an die schönsten Orte. Wir sind immer da, wo es warm ist, wo die Sonne scheint. Eigentlich hätte ich heute schon weiter fahren wollen, aber ich bleibe noch. Ich geniesse den Tag, ich geniesse es, frei entscheiden zu können, was ich tu und was ich lasse. Woher nehmen wir diese Fähigkeit, das Leben zu schätzen und zu geniessen? Es gibt jene, die sagen, Jesus sei unser Weg, unsere Hoffnung. Wozu brauchen wir Hoffnung, wenn es das Leben gibt? Hoffnung auf was denn genau? Reicht uns das Leben nicht? Sehnen sich jene Menschen nach etwas noch Besserem als dem Leben? Ich wünsche ihnen, sie mögen es finden. Für mich jedenfalls reicht das Leben. Eine Mücke hat mich gepiekst. Es ist ihr gutes Recht, sie lebt.

In meiner Familie waren wir zu sechst. Menschen leben in unserer modernen Welt meist über achtzig Jahre lang. Meinen Eltern war diese Gunst nicht gegeben. Vater starb mit 77 Jahren. Er hatte ein reiches Arbeitsleben. Aber danach war bloss noch Krankheit und Kampf. Der Tod letztendlich eine Erlösung. Meine Mutter folgte ihm in Schicksal und Zeit, ihr waren bloss 74 Jahre gegeben. Die eigenen Eltern so früh leiden und gehen zu sehen, das war Schmerz. Eigenartigerweise habe ich nicht geweint. Jeder geht mit Schmerz wohl anders um. Da ist auch kein Jesus, der den Schmerz lindern kann. Noch viel weniger Lebenszeit als meine Eltern hatten zwei meiner Schwestern. Unsere Älteste starb mit gerade mal 29 Jahren. Schizophrenie, hiess es damals. Sie sei in einer anderen Welt. Ich glaube fest daran, dass unsere Seele, unsere Welt, nicht ortsgebunden ist. Paralleluniversen existieren, die Zeit ist relativ. Meine Schwester hat den Sprung in ein anderes Universum gewagt, sie hat die Welt, wie wir sie kennen, hinter sich gelassen. Sollte ich sie jemals wiedersehen, so werde ich dafür sehr dankbar sein. Sie war ein grosses Vorbild für mich. Schliesslich hat uns vor kurzem auch unsere Jüngste verlassen. Auch sie hat jahrelang mit einer heimtückischen Krankheit gekämpft. Auch für sie war die Reise in eine neue Welt letztendlich die Erlösung von irdischem Schmerz.

Was ist Leben? Da, wo mein Geist ist, da wo meine Empfindungen, meine Gefühle sind, da ist das Leben. Im Moment befinde ich mich inmitten hunderter anderer Schweizer auf einem Campingplatz in Italien. Halb Bern ist auch hier. Alle haben sie den gleichen Ort zur Erholung gewählt. Sie scheinen sich alle zu kennen, sind sich irgendwo und irgendwann schon einmal begegnet. Kinder spielen, Eltern kochen und schön in Reih und Glied stehen die Wohnwagen, die Campingbusse, die Wohnmobile. Menschen reisen. Warum nicht auch mit der Seele reisen? Warum nicht auch mit den Gefühlen reisen?

Der Raum und die Zeit, sie sind nicht linear. Die meisten Menschen haben das nur noch nicht verstanden, mich mit eingeschlossen, nicht mal annähernd. Was mich aber von den meisten Menschen unterscheidet, das ist das, was ich glaube. Sie glauben, das Leben sei endlich, es sei an unseren Körper gebunden und wenn der Körper einmal nicht mehr existiert, dann sei irgendwie fertig. Dann komme bloss noch Himmel oder vielleicht Hölle, als eine Art Abrechnung dafür, wie du dein Leben verbracht hast. Die Gutmenschen folgen in allem, was sie tun, ihrer Religion. Sie erfüllen ihr Leben lang Regeln und Pflichten, welche sie nicht selbst haben aufstellen können.

Ich glaube, wir können selbst bestimmen, was nach dem "Tod" kommt. Der Tod ist bloss das Ende unseres Körpers, unserer Hülle. Meine Gedanken, meine Gefühle, das Ich geht weiter. Ich glaube, meine älteste Schwester hat das viel eher begriffen, als ich das je werde verstehen können. Sie hat den Sprung in die neue Welt selbst in die Hand genommen, ihren Moment aus eigenem Willen gewählt. Davon bin ich heute überzeugt, damals hatte ich das noch nicht so begriffen.

Wie auch immer. Was ist denn nun Leben? Ich denke, das Leben ist einfach da, was wir aus unserer Zeit machen, egal an welchem Ort wir gerade sind. Das Leben ist die Fähigkeit, den Moment zu schätzen, die Gegenwart zu sehen und unsere eigenen Entscheide zu treffen. Das Leben besteht aus Gefühl und Gedanken. Wenn wir fühlen, wenn wir denken und wahrnehmen, dann ist das Leben. Wenn wir mit anderen Wesen kommunizieren, egal ob Mensch, Pflanze oder den Bewohnern der Erde unbekannte Dinge, dann ist das Leben. Und genau darin besteht auch der Unterschied zur Maschine. Künstliche Intelligenz mag uns in vielen Bereichen überlegen sein. Die Fähigkeit zu leben aber, die wird ihr hoffentlich noch lange verwehrt bleiben. Auf das Leben, so wie es ist.

Wellness (Schweizer Dialektsprache)

Kennsch das ou: völlig entspannt z'Züri dur d'Bahnhofstross goh,
Liechter gnüsse, während z'rings om dech ome alli am seckle ond
schimpfe si? Denn esch definitiv Dezämber, gnauer no: denn esch chorz
vor Wiehnachte. So schön, aui die Liechtli, die festlichi Belüchtig. Aber
für wär hängt me das eigentli genau uf, we aui am seckle si? Die händ jo
gar kei Zyt för das - niemert luegt häre. Dört no rasch ine - das muesi no
- weisch, ha jetz grad kei Zyt, es esch u'vel los. Das esch da, woni ghöre,
öberall. Ke Zyt, Hektik, Druck - sogar bim feschte ond schänke. Ich
gloube fascht, de Ebenezer Scrooge het scho rächt gha, wenn er seit,
Wiehnachte sigi Humbug.

Noch em stressige Fescht denn schnäll alles verruume. Skiferie müend
vorbereitet sii. Wieso fahre die ned? Fahred doch! Mer wänd möglichst
schnäll am Skilift go ide Schlange astoh. So vöu Lüt ide Beiz. Git's ächt ou
mol öppis z'Ässe? Mer mache do ned mit, mer göhnd id Karibik, zäme
met zähtuusig anderne zwänge mer eus dor de Flughafe ond stöhnd am
Zollschalter aa, demit mer denn chönne mit eme Tüechli euse Liegestuel
bsetze bevor öpper anders druffe liegt.

Bi all dere Hektik bruchts natürli ou Entspannig, mues jo sii. Aber ned
ergendwie, scho gar ned ufem Liegestuel deheime im Garte. Nei, es git jo
so ätra Wellness-Ferie. Mol usspanne, d'Seele lo bambele, d'Bei lo
hange. Tee statt Caipiriña, Naturkläng statt Beats, en Krimi statt
Börsezahle. Tuet das guet. Ahhh, uftanke ond Energie uffülle.
Wellnessprogramm. Z'erst chli ligge, denn mol chli schwitze, denn weder
ligge, denn Schuum-Massage, go ligge, denn Öl-Massage, denn ligge ond
Tee trinke. Denn vierhundert Franke zahle.

Ich be gar ned gäge das. Wörkli ned. Ich gnüüsse Vals, ich gnüüsse
Hamam, Heumassage ide Bärge, Thai-Massage am Strand ond Sauna am
Sunntig Morge. För mech aber esch Wellness ned eifach reduziert ufes
Programm zum bueche, es esch ned eifach nume en Insle zum mol

usspanne. Wellness esch im Chopf. Wellness fendi öberall. De Drängler am Skilift dore loh ond halt s'nöchste Sässeli näh. De Stresser uf de Stross lo überhole ond derför chli Diesel spare. Sech ned öber de Schüeler ufrege, wo d'Husi ned het, sondern sech an all dene freue, wo gärn chöme ond d'Husi mache. D'Liechter ide Stadt gseh ond sech drüber freue. Blib doch eifach mol stoh. Lueg ume ond gseh dini Wält. Si esch schön ond wenn du das erkennsch, werd si nome no schöner.

Ond genau dorom gohni völlig entspannt mitts im Dezämber z'Züri dur d'Bahnhofstross.

Whistler

Das Haus liegt etwas ausserhalb der Gemeinde Whistler. Die Strasse windet sich mal links mal rechts, eingebettet in einen Tannenwald. Es hat frisch geschneit, die Tannen sind weiss mit leichtem Pulverschnee verhangen. Die Kälte lässt jeden Schritt knirschen, das einzige Geräusch in dieser mit Watte gedämpften Landschaft. Kleine Wölklein steigen empor, jedesmal wenn er ausatmet.

Er geht langsam, hat eigentlich kein Ziel. Die wenigen Häuser, die seinen Weg säumen, sind mit weissen Lichtern geschmückt. Überall funkelt und glitzert es, die verschneite Landschaft erstrahlt förmlich. Er geht in Richtung Zentrum, möchte sich eine Eggnog-Latte oder eine Chai-Latte gönnen. In seinem Kopf klingen Weihnachtslieder. Leise summt sie mit. "Du fehlst mir", sagt er leise.

"I know. But I'm happy now. The time we had was wonderful. I'll never forget. You're a good man..." sagt sie sanft, begleitet vom Hallelujah der Pentatonics.

Er schreitet weiter durch das Winterwonderland und bemerkt kaum, dass er seinen Schritt beschleunigt. Seine Gedanken kreisen um sie.

"Was ist schief gelaufen? Warum hat sie unser Haus verlassen? Weshalb hat sie an einem anderen Ort ein neues Haus bezogen? Werde ich jemals wieder lieben können?"

Seine schnellen, kurzen Schritte knirschen und die kleinen Wölklein werden zahlreicher. Ihm wird warm, er spürt die Kälte nicht mehr.

"Weisst du, es war nicht gelogen, als ich dir sagte, ich bleibe dein, mein Leben lang. Ich liebe dich noch immer. Erinnerst du dich an Weihnachten hier in Whistler? Wir waren glücklich, gingen Hand in Hand durch den Schnee und erfreuten uns an den vielen weissen Lichtern."

Seine Gedanken nehmen Form an und es ist, als könnte er sie neben sich hergehen sehen. Langsam streckt er seine Hand aus, ergreift die ihre und spürt ihre Wärme. Die Schritte verlangsamen sich wieder, er ist glücklich. Hinter der nächsten Biegung kommt das Zentrum von Whistler in Sicht. Der Lichtschimmer erinnert ihn an Weihnachten als Kind, immer dann, wenn er zum ersten Mal den mit Kerzen beleuchteten Tannenbaum hat betrachten dürfen.

"Danke, dass du noch einmal mit mir hierher gekommen bist. Danke, dass du mich auf meinem Spaziergang begleitet hast", sagt er leise, bevor er das Kaffee an der Ecke betritt. Und noch einmal erscheint ihr vom Nebel der Zeit schon etwas verblasstes, lächelndes Gesicht in seinem Kopf. Dann spürt er die Wärme des Kaffeehauses, hört er den Lärm von klapperndem Geschirr, lachenden Menschen und Weihnachtsmusik, riecht er bereits seine Eggnog-Latte.

Zurück auf dem verschneiten Waldweg bleiben bloss zwei einsame Spuren nebeneinander im Schnee.

World of Dance

Ich gehe durch die Eingangstüre und fühle mich die ersten kurzen Sekunden als Fremdkörper. Der DJ spielt einige wenige Takte und schon bewegen sich alle Menschen im Rhythmus. Füsse wirbeln umher, halb geschlossene Augen zeugen von innigen Bewegungen. Körper biegen und strecken sich, es wird gewippt und gedreht. Das Leben ist Tanz, Tanz ist das Leben. Ich habe keine Wahl, ich werde von der friedlichen und unbeschwerten Stimmung angesteckt und ich merke, dass sich auch mein Körper mit der Musik bewegt.

Indem ich hier bin, verbinde ich meine Vergangenheit mit meiner Gegenwart. Das war mal meine Welt. Die grossen Tanzbühnen, Wettbewerbe, Rhythmus und viele Siege. Wie viele Stunden habe ich in solchen Sälen verbracht, auf Gepäck aufgepasst und mit meinen Truppen mitgefiebert. Es packt mich von den ersten Minuten an. Durch dich habe ich diese Welt wieder gefunden und ich bin dir dankbar dafür.

Ich geniesse jeden Schritt und jede Kombo. Das Niveau ist sehr hoch. Kleine Kinder tanzen, als hätten sie ihr kurzes Leben lang nichts anderes gemacht. Mit den grösseren kommt dann auch der Ausdruck ins Spiel. Da sehe ich Wut und Hoffnung, Liebe und Trauer. Der DJ legt dazwischen immer wieder die Rhythmen auf, welche die Menschenmenge in gleichmässige Schwingungen versetzt. In grossen weissen Lettern steht auf schwarzem Stoff "World of Dance". Ich sinniere darüber nach, was diese Worte bedeuten könnten. Hier tanzen Franzosen friedlich mit Amerikanern und Ukrainern, Schweizern und Österreichern. Niemand interessiert sich für die Herkunft. Es interessiert nur, ob du Rhythmus im Blut hast, ob du dich bewegen kannst. Für diesen einen Moment ist alles Elend auf der Welt vergessen. Wichtig sind allein die Moves, die du drauf hast.

Ich wünschte mir oft mehr von dieser unbeschwerten und ehrlichen Welt. Hier sind die Menschen nicht auf Kommando mal links und mal wieder rechts, hier spüren sie die Musik und geben sich ihr hin. Dann schliesslich ist dein Team dran. Obwohl ich diese Choreo nun schon zum x-ten Mal sehe, reisst es mich wieder vom Hocker. Tränen kollern über die Wangen und ich fühle einen eigenartigen Stolz. Ich bin so froh für dich, dass du diesen Weg gehen kannst. Ich bin so glücklich, ein kleiner Teil davon sein zu können. Ich bin so stolz, dich zu kennen. Die Performance war gut. Wird es reichen? Da waren auch noch andere gut, sehr gut sogar. Die Spannung steigt mit der Nervosität. Dann, in der Pause sehe ich dich aus Distanz. Unsere Blicke treffen sich und du schenkst mir ein unauffälliges Kopfnicken, bevor du wieder in der Menge verschwindest. Fremdkörper, da bist du wieder.

Lass mich dir etwas mitgeben. Du warst grossartig, wieder ganz du. Die ganze Reinheit, das vollkommene Glück, die Ruhe und Zufriedenheit. Ich möchte dich in den Arm nehmen und mit dir deinen Erfolg feiern dürfen. Doch plötzlich werde ich von der Realität eingeholt und ich erinnere mich an meine Rolle. So teile ich deinen Erfolg aus Distanz und gehe ungesehen an deinem Team vorbei in Richtung Ausgang. Ich darf mich nicht zeigen, bin ein Fremdkörper. Auf dem Heimweg kollern die Tränen. Ach, könnte ich doch bloss so sein wie in diesen wenigen Stunden an der World of Dance. Unbeschwert und sorglos, keinen interessiert es, woher man kommt, es zählt einzig das Gefühl. Unsere Welt funktioniert aber nicht so. Ich werde in eine Rolle hinein gedrückt, welche ich nicht bin, welche ich nie sein könnte. Aber die Rolle verbietet es, dich zu kennen.

Könnte ich als ehrlicher Freund zu dir sprechen, so würde ich dir sagen: Toll gemacht, ich gratuliere dir. Geh deinen Weg und geniesse das Leben - so wie ich es dir immer zeigen wollte. Ich bin ein Freund, ein Leben lang.

Worte

Am Anfang war das Wort. Wozu eigentlich? Wäre es nicht besser gewesen, das Zuhören an den Anfang zu stellen? Es wird viel zu viel gesprochen und viel zu wenig zugehört. Eigentlich schade um all die gesprochenen Worte, die nicht gehört werden. Denn streng genommen sind Worte ja genau dazu da, dass jemand sie hört. Worte dienen der Kommunikation unter Menschen. Pflanzen und Tiere kommunizieren ohne Worte - etwas, das wir Menschen verlernt haben zu verstehen. Stille, also die Abwesenheit der Worte, gibt uns ein ungutes, bedrohliches Gefühl. Immer suchen wir die richtigen Worte und selten treffen wir sie. Worte wirken kaum einmal isoliert. Ihre Wirkung zeigt sich erst in der Gruppe, als Satz oder als Text. Worte sind unglaubliche Dinge. Wandelbar wie nichts anderes. Worte können Honig sein, sie können wärmen, heilen und beruhigen. Zuckersüss erreichen sie unsere Ohren und entfalten ihren wohltuenden Wirkstoff. Worte sind aber auch Bildung. Sie vermitteln Kenntnisse, erklären Sachen und warnen vor Gefahren. Zu oft sind Worte Waffen, die sogar stärkere Wunden hinterlassen als manch physische Waffe es vermag. Worte können irreführen oder unterhalten.

Die richtigen Worte in der passenden Situation stellen Weichen, bestimmen unseren Lebensweg entscheidend mit. Hätte ich mich anders entschieden, wenn jemand damals andere Worte benutzt hätte? Hätte ich ohne die Worte meiner Eltern den gleichen Lebensweg gewählt? Worte sind Macht. Eine Macht, die jeder Mensch besitzt doch längst nicht jeder Mensch zu bedienen weiss. Drum ist das Zuhören umso wichtiger. Höre den Menschen zu und merke, wenn einer seine Worte nicht ehrlich, klug und wohlwollend wählt. Denn am Schluss wird wieder das Wort sein.

Und dieses letzte Wort sollte "Danke" heissen.

Jerry (Hochdeutsche Übersetzung)

Kennst du Jerry? Nein, nicht den Sohn des Bäckers. Sie ist ein Mädchen, eines, welches Fussball spielt. Ein Mädchen und Fussball? Das geht doch nicht! - Und wie das geht! Bodenständig, blond, immer zu einer Antwort bereit und eben, auf dem Fussballfeld flink wie kaum eine andere. Sie dribbelt die anderen aus, sie ist mal ganz vorne, dann wieder hinten, schiesst Tore und bringt ihr Team in Führung. Ja, das ist Jerry. Immer präsent, immer voll bei der Mannschaft, immer verlässlich. Ja, ihr Zweifler, die ihr immer alles besser wisst: Mädchen spielen Fussball, während die Knaben sich jammernd im Gras wälzen.

So gibt sich Jerry auch im Leben neben dem Fussballplatz. Ihre traumhaft schönen blauen Augen sind von ungewohnter Tiefe. In diesen Augen siehst du aber, wenn du genauer hinschaust, nicht nur Freude. Jerry hat kein einfaches Leben, sie kämpft, sie wehrt sich, sie dribbelt - wie auf dem Platz. Genau das macht sie zu dem, was sie ist. Ein wunderbarer Mensch mit Gefühl und Hingabe, absolut zuverlässig. In ihr hast du eine Freundin fürs Leben, wenn du es nicht verbockst.

In ihren blauen Augen steckt aber auch ein Schalk. Jerry boxt und schlägt um sich, wenn sie gereizt wird. Sie teilt aus und steckt nicht bloss ein. Ihr Schalk zeigt, dass sie für so manchen Spass zu begeistern ist. Sie geniesst das Leben und sieht ihre Realität nicht immer bierernst. Dabei hält sie die Balance zwischen vorwitzig und dennoch anständig sein. Dies schafft sie vor allem dank ihrer Mutter, einer ebenfalls geerdeten und starken Frau.

Jerry packt jeden Strohhalm, der sich ihr bietet, um ein Stück auf ihrem Lebensweg voran zu kommen. In der Schule hat sie es nicht einfach. Die anderen Mädchen sind manchmal etwas eifersüchtig auf sie, weil sie begreifen, dass Jerry mit ihrer bodenständig ehrlichen Art gut ankommt, bei Knaben und bei Lehrpersonen. Jerry hat begriffen, dass man nicht bloss schön sein muss, sondern vor allem auch echt und unverfälscht. Manchmal denke ich, unsere Welt wäre einfacher, gäbe es mehr Jerrys. Sie ist hart im Nehmen und gerecht im Austeilen. Sie ist ehrlich, direkt und zuverlässig, bietet nicht nur Show und Glammer.

Aber das leben ist nicht immer fair. Und so findet ein Mädchen wie Jerry eben auch viele Steine auf ihrem Weg. Ihr Zuhause ist schwierig, ihre Freundin behandelt sie unfair, ihr Lebensrucksack enthält viele Schicksale, an welchen andere schon längst zerbrächen. Genau deshalb sage ich ihr jetzt: Hej, Jerry, lass dich nicht ausdribbeln! Du bist doch so viel schneller als die anderen. Du kennst so viele überraschende Tricks. Spiele sie aus, nimm deine Kraft und gehe deinen Weg. Ich durfte dich kennenlernen und das war eines meiner besten Erlebnisse. Du hast auf deine eigene Art einen Charme verbreitet, den andere nicht haben oder oft auch nicht verstehen können. In nur einem Jahr durften wir Vertrauen aufbauen und einander verstehen lernen. Du bist ein ungeschliffener Diamant, bitte schleif dich selbst zu deinem besten und wertvollsten. Lasse dich nicht von anderen schleifen. Andere finden ständig, sie wissen es besser und müssen dir sagen, wo du durch gehen sollst. Denke doch einfach an den Fussballplatz - die anderen bleiben hinter dir. Du bist schneller und sicherer, kennst deinen Weg zu Ziel und triffst deine Tore. Dabei macht dich jeder Treffer sicherer und bringen andere der Verzweiflung nahe.

Auf deinem Weg wirst du noch viele Freunde finden, welche es gut mit dir meinen. Erkenne sie, sei offen für sie. Es gibt viele Menschen, welche denken wir du, welche auch einfach dribbeln und zielstrebig voran gehen. Nun stelle dir einen vor, der mit dir zusammen den Weg geht, dem gleichen Ziel zustrebt. Das wäre ein Fest, ihr beide wärt unbesiegbar. Genau das wünsche ich dir.

Wenn du, fremde Leserin, dich bei der Lektüre angesprochen fühlst, selbst wenn du nicht Fussball spielst, dann sei einfach Jerry. Denn es braucht mehr davon in unserer Welt.

Schangnau (Hochdeutsche Übersetzung)

Wir haben in der Emme schwimmen gelernt, wir waren Schlittschuh laufen auf dem Eisfeld gleich neben dem Färzbach. Dieser Bach kommt vom Wachthubel, fliesst dem Krähenbühl, dem Haus meiner Urgrosseltern, sowie am Haus meiner Grosseltern vorbei und der Emme entgegen. Das Haus ist immer noch gleich wie damals, als wir als Kinder durch die Gänge flitzten und verstecken spielten. Irgendwie riecht hier alles vertraut, nach dem warmen Brot aus der Bäckerei oder nach dem frischen Fleisch des Metzgers. Seit gefühlten hundert Jahren hat sich daran nichts geändert.

Es ist ein stattliches Haus mit tiefen gedeckten Balkonen, den Lauben, auf beiden Seiten, ein altes Berner Haus - obwohl es 'Neubau' heisst. Früher haben wir die Tiere noch gesehen, bevor sie danach zu Wurst und Braten verarbeitet wurden. Wir konnten dem Schlachtprozess zusehen. Es war so normal für uns wir der Mehlstaub aus der Backstube. Das alte Holz des Hauses wird den Geruch all dieser Geschichten nie verlieren. Es wäre schade, das Haus neu zu streichen. Da ginge etwas verloren. In Schangnau ist die Zeit auf eine angenehme Art stehen geblieben. Man hat zwar Internet und in der Bäckerei kann man auch Geld abheben. Dennoch spürt man nichts von Hektik. Niemand wird nervös, wenn du noch Kleingeld zählst oder kurz ein paar Worte mit dem Bäcker Andreas wechselst.

Etwas höher gelegen als der Dorfkern steht das Haus unserer Urgrosseltern, der Krähenbühl. Selbst wenn schon lange niemand der Verwandtschaft mehr als Landwirt arbeitet, steht der stattliche Hof immer noch dort. Wahrscheinlich wären die Bauern schon noch entfernt verwandt, aber im Unterland vergisst man eben solche Dinge schnell. Die Emme fliesst seit eh und je vom hintersten Teil des Tals, dem Kemmeriboden, am Dorf vorbei und entschwindet in der Rebloch-Schlucht. Niemals durften wir in die Nähe dieser Schlucht. Sie war geheimnisvoll und galt als gefährlich, es hiess gar, es spuke dort. Dabei ist es bloss eine sehr enge Schlucht, wie jene der Aare, aber einfach ohne Touristen und ohne den ganzen Rummel.

Über dem Dorf thront und wacht der Hohgant, der langgezogene Hausberg. Er bewacht und beschützt die Heimat. Manchmal denke ich, etwas "Schangnau" täte uns allen gut. Mal stehen bleiben, inne halten. Einen Schwatz abhalten, einen Kaffee trinken und einander helfen, wenn Not am Manne ist. Neunhundertsechsunddreissig Einwohner sind zufrieden mit dem, was sie haben. Für mich als Weltenbummler ist es jeweils ein Heimkommen, wenn ich über die kleine Brücke in der scharfen S-Kurve fahre und es plötzlich mehr Schnee hat als noch davor. Eine plötzliche Ruhe und Zufriedenheit umgibt mich, wie man sie nur dort finden kann. Und die Emme verschwindet im Rebloch, der grossen Welt entgegen.

Wellness (Hochdeutsche Übersetzung)

Kennst du das auch: Völlig entspannt in Zürich durch die Bahnhofstrasse schlendern, die Lichter geniessen, während rundherum alle schimpfen und rennen? Dann ist definitiv Dezember, genauer: es ist Vorweihnachten. So schön, all die Lichter, die festliche Beleuchtung. Doch für wen genau hat man die vielen Lämpchen installiert, wenn alle bloss rennen? Niemand hat Zeit dafür, niemand guckt hin. Noch rasch dort hinein - das muss noch sein, weisst du. Ich habe jetzt grad keine Zeit, es ist sehr viel los momentan. Dies sind die Sätze, welche ich sehr oft höre, überall und jederzeit. Keine Zeit, Geschenke besorgen, Druck, Hektik - sogar in festlichen Zeiten und beim Schenken. Ich glaube fast, Ebenezer Scrooge, hatte schon recht, indem er meinte, das sei doch alles Humbug.

Nach dem stressigen Fest dann schnell alles wegräumen, Geschenke umtauschen, Rabatt nutzen. Die Skiferien müssen auch noch organisiert sein. Wieso fährt der nicht? Es ist doch grün! Fahr doch, grüner wird's nicht! Wir wollen doch möglichst schnell in der Schlange vor dem Skilift anstehen. So viele Menschen im Bergrestaurant. Kein Tisch frei. Weshalb schreit das Kind dauernd? Gibt es auch mal etwas zu Essen? - Nein, da machen wir nicht mit. Wir fliegen in die Karibik. Zusammen mit zehntausend anderen stehen wir am Flughafen in der Schlange und danach am Zoll. Unser Badetuch legen wir immer schon früh morgens auf den Liegestuhl, für wenn wir ihn untertags mal brauchen, bevor ein anderer drauf liegt. Wieso kann hier eigentlich niemand Deutsch?

Bei all der Hektik braucht es natürlich auch Entspannung, muss ja sein. Aber nicht einfach so und schon gar nicht auf dem eigenen Liegestuhl im Garten. Nein, richtig schicke Wellnessferien müssen es sein. Mal ausspannen, die Seele baumeln und die Beine hängen lassen. Tee statt Caipirinha, Naturklänge statt Beats, ein Krimi statt Börsenzahlen. Ahh, tut das gut, auftanken und Energie auffüllen. Wellnessprogramm. Zuerst etwas liegen, dann etwas schwitzen und wieder liegen, dann

Schaummassage und wieder liegen, dann Ölmassage und wieder liegen, Tee trinken. Dann vierhundert Franken bezahlen.

Nein, ich bin nicht gegen das alles, wirklich nicht. Ich geniesse Vals, Hamam oder Heumassage in den Bergen auch. Sowie auch die Thaimassage am Strand oder die Sauna am Sonntagmorgen. Für mich aber ist Wellness nicht einfach auf ein Programm zwischendurch reduziert, das man buchen kann. Wellness ist nicht einfach bloss eine Insel zum Ausspannen. Wellness beginnt im Kopf. Wellness ist überall. Der Drängler am Skilift stört mich nicht, ich nehme den nächsten Sessel. Der Stresser auf der Strasse soll überholen, ich spare dafür Treibstoff. Ich rege mich doch nicht über den Schüler auf, der die Hausaufgaben nicht gemacht hat - ich freue mich mit all denen, die ihre Arbeit erledigt haben und gerne kommen. Ich sehe die Lichter in der Stadt und freue mich darüber. Bleib einfach einmal stehen. Schaue um dich und sehe deine Welt. Sie ist schön und wenn du das erkennst, wird sie umso schöner.

Genau deswegen schlendere ich völlig entspannt mitten im Dezember in Zürich durch die Bahnhofstrasse.

Zum Schluss – Der Dank

Für einen Schluss kommt mir eigentlich nur Pink Panther in den Sinn. Besser kann man es nicht beschreiben, wenn etwas fertig ist und dennoch weiter geht. Ich schreibe weiter, logisch, und irgendwann gibt es dann vielleicht eine Fortsetzung.

Das hier ist nun das Schlusswort. Und es lautet tatsächlich "Danke".

Ich danke allen, welche mich immer wieder beraten haben, welche mir Rückmeldungen zu meinen Texten gegeben haben und sie dadurch besser werden liessen. Ihr seid meine Goldschätze.

Ich danke dem Team von Tredition. Danke euch fleissigen und freundlichen Menschen, welche die Veröffentlichung dieses Buches ermöglicht haben.

Es stimmt schon, in meinen Texten steckt auch immer wieder viel Privates. Trotzdem, oder vielleicht gerade deswegen, bieten die Texte auch die Möglichkeit, für andere Menschen zu gelten, sie werden zu einer Art Austausch. Ganz im Sinne der Sprache.

Also, liebe Leserinnen und Leser, freut euch, ärgert euch, lest, lest nicht, antwortet oder geniesst einfach. Ich teile diese Texte hier mit euch. Danke, dass ihr sorgsam damit umgeht. Vor allem aber danke ich euch für euer Interesse an meinen Texten.

Bruno Heter, 2021

Für mehr Info: www.brunoheter.ch

Zeitfracht Medien GmbH
Ferdinand-Jühlke-Straße 7
99095 Erfurt, Deutschland
produktsicherheit@kolibri360.de